学校ってなんだ!
日本の教育はなぜ息苦しいのか

工藤勇一　鴻上尚史

講談社現代新書
2628

はじめに

鴻上尚史

「先生を信頼したかった」

僕は中学校の時から、ずっと「校則」に対して抗議を続けてきました。

あの当時は、「ブラック校則」という名前はまだありませんでしたが、どうして丸坊主にしなければいけないのか、どうして靴下の色は白しかダメなのか、どうして学校の帰り道に買い食いをしてはいけないのか、まったく納得できませんでした。

中学、高校と僕が理不尽な校則に対して抗議を続けた一番の理由は、「先生を信頼したかった」からです。

あの当時は、校則問題を先生に抗議している時のもやもやとした気持ちを、明確に言葉にすることはできませんでした。

また、もし言葉にできたとしても、一〇代の若僧にとって、こんな言葉は恥ずかしく、周りに知られるとかっこ悪いと感じて、口にしなかった可能性もあります。

けれど、今から思えば、ずっと抗議を続けたのは、先生を信頼したかったからだとはっきりと分かります。

授業を通じて、尊敬できる先生が生まれます。クラス担任の時もあるし、特定の教科のこともありました。

この先生の言葉は信用できる、こんな大人になりたいと思った時に、校則問題にぶつかります。

尊敬できる先生に「どうして、リボンの色は黒と茶だけで、幅が二センチと決まっているんですか？　白はどうしてダメなんですか？」と聞いても、納得できる言葉は得られませんでした。

教科の解説や人生のウンチクに対して、ほんとうに納得できる言葉を与えてくれた先生が、校則問題になると、いきなり理不尽になりました。「世の中にはルールがあるんだ」と真顔で言われた時は、「先生は世の中のルールがなぜあるか、その理由を考えろとおっしゃいませんでしたか」と混乱しました。その答えは、お茶を濁しているだけとしか思えなかったのです。

そんなはずはない、この先生は普段はとても論理的に物事を説明している、もっとちゃんとした根拠を教えて欲しいと、さらに言葉を続けると、最終的に出てくるのは、

「中学生らしくない」という言葉でした。

この言葉はやがて「高校生らしくない」「○○中学の生徒らしくない」「○○高校の生徒にふさわしい服装と態度で」と続きました。

この言葉を聞くたびに、僕は先生に対する尊敬と親近感、そして信頼を失っていきました。

先生が、どんなに熱く理想を語っても、どんなに厳しく探究心の必要性を訴えても、どんなに真面目に「自分の頭で考えること」を説いても、校則問題に関しては、その正反対、真逆のことをしている。そして、そのことに疑問を持たず、問題にもしていない。

そう感じることは、当時の僕にとってほんとうに苦痛でした。

服装チェックをしている先生を見ながら、「中学生らしい」こととリボンの幅が二センチから三センチになることはどんな関係があるんだろう。リボンが白になると、どうして「中学生らしく」なくなるんだろう。黒と茶が中学生を表す色で、白は違うと本気で思っているんだろうか、と僕は失望しました。

先生が普段仰っている「真理を追究する心」とか「探究心」は、「中学生らしい」という言葉よりもはるかに弱いものなのですか、と聞きたかったのです。

「やりたいなんて言ってないけど」

自分で言うのもなんですが、僕は中学時代、とても真面目な生徒でした。

中学二年生の運動会の時、学年全体で踊る演目がありました。ソーラン節のような地元を歌った曲に、竹の棒を両手に持って、叩いて音を出しながら、飛んだり跳ねたりするものでした。

学年全体で二〇〇人ほどだったと思いますが、同時に竹の棒を打ち合わせても、大人数ですから、ズレが出ます。

朝礼台の上に立った体育教師は、最初は穏やかに指導していましたが、音がなかなか一つに合わないのでだんだんと興奮してきました。

練習は休憩なしに、一時間以上続いたと思います。だんだんと僕たち生徒は疲れてきて、竹を打つ音だけではなく、同時にジャンプするタイミングやくるりと回る動きもズレ始めました。

「お前らやる気あるのか！」と教師は叫びました。「ちゃんとやれ！」「やる気が見えない！」怒気を含んだ声でした。

何度目かの「やる気あるのか！」という声の後に、僕の後ろにいたクラスメイトがぽつりと「俺、やりたいなんて言ってないけど」と呟きました。

僕はハッとしました。「そんなことを言ってはいけない」という真面目な生徒としての気持ちと「そうだ。確かにそうだ。この演目に関して、生徒は何の相談も受けていない。一方的に決められて、一方的に怒られている。この状況はとてもおかしい。こんな理不尽な状況をおかしいと気づかない自分は恥ずかしい」と思う気持ちが同時に浮かんできました。

少なくとも、中学二年のその瞬間まで、僕は学校側から与えられたことを疑うという思考回路がなかったのです。

それでも、学校と先生を信頼したいという気持ちは根強く残りました。

下校時の「買い食い」

多くの中学校では、下校時の「買い食い」は禁止です。夏、どんなに暑くてノドが渇いても、コンビニどころか、自動販売機で飲み物を買うのは校則違反です。

けれど、一度、家に帰った後の外出では、自動販売機もコンビニも問題になりません。

真面目だった僕は、このことがまったく理解できませんでした。

だって、下校する時の姿と、塾に行くために一度家に帰った後、すぐにカバンを持って家を出た姿は、どう見分けるのか、見分けられるのかと混乱したのです。

そもそも「買い食い」はなぜ悪いのかと先生に聞きました。「中学生らしくない」という言葉を何人かの先生は言いました。

少し論理的な先生だと「買い食いのためには、学校に現金を持ってこないといけない。そうすると、盗難の問題が起こる。だから、禁止している」と答えました。

一瞬、納得しそうになったのですが、中学生だった僕は「お金を持ってきたら、必ず盗まれる前提なんだ。学校側は僕たちを泥棒と同じと思っているんだ」と思いました。そして、高校生の従兄弟が購買部でパンを買うためにお金を高校に持っていっていることを知って「高校生になったら、現金を盗まない前提なんだ。どうして中学生は盗んで、高校生は盗まないと考えるんだろうか。中学生は幼いから罪の意識が薄くて窃盗をして、高校生は成長したから罪の意識があって窃盗しないんだろうか」と考えました。そして、「そんなバカな」と結論しました。「窃盗が罪なことぐらい小学生でも知っている。巧妙に盗もうと思ったら、中学生より高校生の方がうまくやれるんじゃないか。中学生だけ禁止にするのは、論理的におかしい」

学校側が設定した生徒会で、僕はこのことを問題にし、学校側が「買い食い禁止は中学生らしい規則」と一ミリも動かない決定を生徒会に通達した時、「じゃあ、下校時と塾に行く時、同じ姿をしていたら間違うので、何か印をつけるべきだと思います」と提案しました。

今から思うと、頰が赤くなるほどの真面目さです。塾に行く印がないのに、買い食いをしている生徒を見かけたら、生徒会として注意すべきだと考えたのです。

それは、規則に厳密である、ということより、論理的に一貫すべきだと思ったからです。「買い食い」は問題ない、喉が渇けば飲物を買えばいいし、部活帰りにお腹が空けば食べればいい、というのは論理的一貫性です。

でも、「買い食い」自体が認められないのなら、下校と塾を明確に示して、下校時の「買い食い」を禁止するのが論理的一貫性だと思ったのです。

この時、先生たちがなんと言って僕の提案を退けたのか、覚えていません。まったく理解できなかったのか、覚えるにも値しない言葉だったのか。少なくとも、記憶に残る論理的一貫性はなかったと思います。

中学二年生の時期から、僕は「校則問題」を真剣に考えるようになりました。

黒色のストッキング禁止の理由

高校では生徒会長になり、服装や頭髪の校則を変えるために、「愛媛県高校生徒会連合」というものを作りました。

中学校の時の経験から、「一校だけで校則問題を主張しても変わらない」と考えたからです。

その当時、僕の生まれた愛媛県には五〇を超える公立高校がありました。愛媛県は、東西に長い県で、東予《とうよ》・中予《ちゅうよ》・南予《なんよ》と分かれています。

『坊っちゃん』で有名な松山市は中予、真珠で有名な宇和島市は南予、僕が住んでいた新居浜市は東予でした。

僕は週末を利用して、愛媛県を周り、友だちの友だちのツテを頼って各地の生徒会長に会い、「まとまって校則問題を話し合える組織を作ろう。この組織は、大人や、あらゆる政治団体や宗教団体と無関係で、高校生だけで作る組織なんだ」と話しました。

やがて、中予、南予で中心になる生徒会が決まり、僕は「それぞれの地区で独自に活動するのがいいと思う。僕たちは東予地区で集まる」と方針を提案しました。

そして、東予地区にある一八校のうち、一四校の生徒会が参加して、学校側に内緒で「愛媛県高校生徒会連合・東予地区」がスタートしました。

ほんとうは、愛媛県全体で一堂に会えればいいのですが、東西に長い愛媛県なので、端から端まで列車で行くと、当時、六時間以上かかりました。普通の高校生にはそんな時間も金銭的余裕もなかったのです。

東予地区だけでも、一堂に会し、お互いの校則や体育祭、文化祭の報告をするだけでも発見や収穫は多くありました。

当時、僕の高校は女子生徒は黒色のストッキングだけが認められて、ベージュは禁止でした。ところが、隣の高校は、ベージュが認められて、黒色が禁止でした。

その理由を、隣の高校の生徒会長が、生徒指導部長にしつこく聞きにいくと、「黒色は娼婦みたいだろ」と、ムッとしたまま言われたと教えてくれました。

ということは、僕の高校の女子生徒は、みんな娼婦っぽいのかと、笑ってしまったこともありました。

この頃には、「無意味な校則は、生徒と学校の信頼関係を壊す」と僕は言っていました。けれど、「先生を信頼したいからです」までは言葉になっていませんでした。

結局、「愛媛県高校生徒会連合」は、存在が学校にバレて、一年でつぶされたのですが、以来、校則に関するこだわりはずっと続いています。

言葉が通じる先生がいる

そんな僕が、二〇一八年に刊行された、頭髪・服装規定を全廃したという工藤勇一さんの書かれた『学校の「当たり前」をやめた。――生徒も教師も変わる！ 公立名門中学校長の改革』(時事通信出版局)を読んだ時に、どれほどの衝撃を受けたか、お分かりいただけるでしょうか。

服装・頭髪規定を全廃したことより、なによりも、言葉が通じる先生がいることが衝撃だったのです。

「そんなバカな」と思うでしょうか？　でも、今の話題なら「どうしてツーブロックの髪形は校則違反なんですか？」と問う高校生に「そんなの高校生らしくないだろ！」と言い放つ先生とは、言葉は通じていません。会話になってないのです。

それは宗教的言葉です。「どうして神はこれを禁じているのですか？」「それは神が禁じているからだ！」は、論理的な会話ではないです。ただ、宗教的信念の告白です。

一万歩譲れば、「先生の若い頃は、ツーブロックなんていう髪形はなかった。今、どんなにツーブロックがポピュラーになっても、私が馴染んでないものは禁止する。理由は、私が馴染んでないからだ」は、まだ、ほんの少しですが、理屈になってない理屈があります。

つまりは、判断の基準が「自分が高校生の時にあったかどうか」だと分かるからです。

でも、すぐに「どうして、先生が高校生の時にあったものはオッケーで、なかったものは禁止なんですか？　その理由は？」という疑問が浮かびます。

こんな愚かな論争に、工藤さんの本は見事に答えてくれたのです。

僕は、これまた自分で言いますが、まだまだ真面目なので、論理的に納得すれば、校則はちゃんとあっていいと思っています。

アメリカの一般的な校則、「銃やナイフを学校に持ってきてはいけない」「過度に露出した服、または下着で学校に来てはいけない」等は、深く納得します。「規則はすべて反対」なんていうアナーキーな態度ではないのです。

多様性の社会を生きる知恵

対談してみると、工藤さんと僕はとても同じことを考えているんだと発見しました。それはたぶん、工藤さんが学校という現場に生き、僕は演劇の稽古場という現場に生きているからだと思います。

現場では、抽象的な論理や崇高な理想論より、人間的な生臭さが優先されることがよくあります。それは、妥協とか敗北なんていう簡単な言葉で説明できることではないのです。

工藤さんは「心の教育」という言葉が嫌いだとおっしゃいます。僕も嫌いです。

差別の問題も、日本人はすぐに心を問題にします。

けれど、誤解を恐れず、はっきり言えば、心の中で差別意識があることと、それを態度や言葉にすることは、まったく違います。

「心の教育」は、心の中にある「差別意識」を問題にします。

そうすると、真面目な人ほど、「まだまだ、私は差別する心がある」と反省して何もできなくなります。

でも、心の中から一〇〇%、差別する心を追い出すことは、僕は不可能だと思っています。民族的な差別をまったくしない人も、美醜で差別することがあるかもしれません。美醜をまったく気にしない人も、学歴や貧富で差別するかもしれません。

けれど、心の中に差別する感覚が残っていることと、それを態度や表情、言葉に出すこととはまったく違うのです。

日本では、震災などの時に多額の寄付をすると、偽善とか売名行為という言葉がささやかれます。ネットで堂々と言っている人もいます。

それは、行動と心の両方を問題にすることが当然だと思っているからです。

でも、心の中の一〇〇％の純真さを求める限り、人はまったく動けなくなると思います。

心の中がどんなことを思っていても、震災地に多額の寄付をすることは素晴らしい。心の中は問題にしない。ただ、行動だけを問題にする。

これは、これからますます加速する多様性の社会を生きる知恵です。

日本はかつて、高度な同質社会、強力な世間でしたから、心の中を問題にすることが可能でした。問題にしても、そんなに違うことを思っている人は少なかったのです。

けれど、これからは違います。

多種多様な人が、共に働き、共に平和に生きていくためには、心の中ではなく、お互いの行動を問題にすることが重要なのです。

一度、ネットでこのことを勧めたら、「あなたは面従腹背を良しとするのか」と反論した人がいました。面従腹背は、「表面は服従するように見せかけて、内心では反抗すること」(広辞苑)です。どうして、服従するように見せかける必要があるのでしょう。多様性の中で生きるということは、服従するとか反抗するとかの次元ではありません。違う価値観を持った人たちが、なんとか共に生きるための生きる知恵なのです。

けれど、学校の道徳では、あいかわらず「おもいやり」とか「絆」とか「優しさ」が追求されていると感じます。これらは、すべて、行動ではなく心の中を、つまり、「心の教育」を問題にする言葉なのです。

「学校に行くこと」と「勉強すること」は違う

コロナ禍では、さまざまなことがあらわになりました。

リモートに充分に対応できない国では、小学校や中学校、高校が一時期、休校になりました。

働く親が悲鳴を上げたとか、子供たちの生活が乱れたという問題もありますが、根本的に、「どうして学校に行くのか？」ということがあぶり出されたと思います。

大切なことは「学校に行くこと」なのか、それとも「勉強すること」なのか。

この二つは、似ていても根本的に違います。

「学校に行くこと」は、とりあえず、学校に行けば解決します。学校でボーッとしていても、極端に言えば寝ていても、学校に行ったことになります。それで、安心する親は多いでしょう。

でも、「勉強すること」は、とりあえず、勉強するフリをしただけでは解決しません。「勉強すること」とはどういうことなのか。学校に行かない時期があったからこそ、私たちに問題として突きつけられたのです。

そして、それは、「どうして勉強するのか」という最も重要な問題へと続くのです。

「学校をいっしょに改善しませんか」

さて、編集部に言われた倍の原稿量で「はじめに」を書いてしまいました。

それは、工藤さんと対談したことが、僕の中でとても大きなことだったからです。

まだまだ、書き切れないことがあります。

僕がずっと演劇を続けてきた動機の一番奥深くには、中学校の演劇部の時に、上演したいと希望した戯曲を、演劇部顧問と学年主任と教頭から「その戯曲は中学生らしくない」と、取り囲まれて言われ続け、拒否されたことへの怒りがあります。

中学生の就職と進学問題を扱った戯曲で、高校に入ってみれば、隣の中学校では文化祭で上演したと教えられました。

高校の時は、全国高校演劇コンクールに参加したいと希望したのに、愛媛県は校長会と教育委員会の「指導」のもと、予選をおこなうことさえ禁じられていました。

対談の中で話していますが、僕たちは、驚くほど学校生活の影響を受けていると思います。一夜漬けも無意味なスローガンも、学校で刷り込まれたことです。

そして、僕は理不尽な規則や決定への怒りを心の奥底にため込みました。

これまた自分で言いますが、普段、僕はとても温厚なのですが、校則問題や教育問題になると突然ヒートアップします。それは、若者の可能性をつむことになると思っているからです。

さて、いいかげん、書くのをやめます。筆を置くというより、キーボードから離れます。

工藤さんとの対談がほんとうに刺激的だったのは、工藤さんが「学校という現場」でちゃんと生きていらっしゃるからだと思います。

服装・頭髪規定だけではなく、この本では、中間・期末テスト廃止の理由や、集団担任制のメリット、宿題をやめた意味など、さまざまな学校の「当たり前」をやめた理由だけではなく、やめるまでの試行錯誤や迷い、反応が、具体的な言葉で語られています。

これが僕にはほんとうに刺激的でした。

この本は、まず、生徒や親や大人、苦しんでいる先生たちに手に取って欲しいのですが、同時に、頭髪・服装を熱心に指導している先生たちにも読んで欲しいと痛切に思います。

読めば、工藤さん一人が特殊超人だったからとか、麹町中学校が環境や経済問題や住民関係で恵まれていたから、なんていう分かりやすい事情で、麹町中学校の改善が実現したのではなかったと理解されるでしょう。

そうです、工藤さんは、「僕は学校を改革なんかしていません。改善しただけです」

と仰っていました。現場で戦っている人間としては、この言葉の違いは身に沁みます。

「学校を改革します」は、波風が立ちます。でも、「一緒に改善しませんか」は、目的の実現のためには、とても有効な言葉だと感じます。工藤さんは、とても大胆な構造的変化を提案するのに、言葉ひとつ、「改革」と「改善」の違いにも敏感なのです。

工藤さんの仕事が感動的なのは、「多様性はしんどい」「もめて当たり前」と腹をくくって一歩一歩、進んでいることでしょう。

工藤さんとの対談で僕は、「情熱」と「戦略」の重要さをあらためて確信しました。

あなたは、この対談から何を得るでしょうか？

なんらかのプラスになるものを得てもらえたら嬉しいと、心底、思います。

目次

第二章 自律をさせない日本の学校 95

第三章　同質性への違和感——161

第四章 対話する技術

おわりに 工藤勇一 257

対談構成＝安田浩一

第一章　学校が抱える問題

校則に悩む女性教師からの相談

鴻上　工藤さんとはどうしても直接にお会いしたかったんです。

工藤　私もです。これまではFacebookを通したやり取りだけでしたから。

鴻上　僕が司会する「COOL JAPAN　発掘！　かっこいいニッポン」（ＮＨＫ－ＢＳ１）という番組で、工藤さんが二〇二〇年三月まで校長を務めていた麴町中学校（東京都千代田区）を取り上げました。もともと、工藤さんの最初の著書『学校の「当たり前」をやめた。』（時事通信出版局）を読んで僕は衝撃を受けていました。「COOL JAPAN」のスタッフと「日本の校則」について話した時、僕は工藤さんの名前をあげました。それが直接の原因かはわかりませんが、スタッフは麴町中学校に行ったのです。

工藤　教育現場におけるＳＤＧｓがテーマでしたね。

鴻上　宿題や定期テスト、さらには頭髪・服装に関する校則までをも廃止し、子どもたちの自律性を重視する麴町中の取り組みから、「持続可能な開発のための教育」を探るといった内容でした。番組で取材させてもらったのもなにかの縁かと思い、Face book経由で個人的に聞きたかったことを質問させていただいたんです。

工藤　たしか校則に関することでした。

鴻上　そうです。今回、対談をお願いしたいと思った理由にもつながる大事なことですから、その件についてちょっとお話しさせてください。

僕は朝日新聞出版が発行している『一冊の本』と、（同社が）運営しているウェブサイト「AERA dot.」で『ほがらか人生相談』というものを担当しているのですが、あるとき、地方の高校の先生から相談が届いたんです。女性の先生でしたが、日ごろから校則という存在に疑問を感じていて、どうにかできないものかとずっと考えていたそうです。いわゆる〝ブラック校則〟と呼ばれるものです。ご自身も高校生のころは、そんな校則に苦しめられた経験を持っていた。勤務先の高校で主任になったことを機会に、理不尽な校則を改めたいと考えたんです。ところが思うようにいかない。ほかの先生からの反発や抵抗もあったのでしょう。その方は、じつは工藤さんの本の読者でした。そこで、工藤さんの著書をまとめ買いして、周囲の先生たちに配ったというのです。しかし、工藤さんの考え方に一定の共感こそ示してはくれるのですが、最終的には「うちの学校では無理だよ」と。多くの先生が口をそろえて「これは東京の話だ」と。麹町中という都心の中学校だからこそできることであって、普通の田舎の学校では現実的な話じゃないというわけです。それで、その先生は「鴻上さん、どうしたらいいんでしょう」という悲鳴のような相談を僕に寄せてきたのです。

その回答で、麹町中学校は、任地希望がわりと叶い、工藤さんの教育方針に賛成の人たちが集まっているという情報を紹介しました。相談を寄せた先生が、「勤務校を変わろうか、でもそれは逃げたことにならないのか」と書いていたので、その選択肢もあると思う、もしブラック校則のない学校が近くにあって、そこに赴任できるのなら、そうすればいいのではないかとアドバイスしました。

ブラック校則問題は、一部にすぎない

鴻上　その先生に回答を書く前に、僕は工藤さんに赴任希望は受け入れられるのか、事実確認の質問を送りました。するとじつにていねいな返信が届いたんですね。そこにはこう書かれていました。

「校則を厳しく指導してきた教員にとっては、自分自身の教師生活を全否定されること

とにもなりますから、抵抗が強くなるのは当然です。そもそも学校のため、生徒のためという理由を大上段に掲げておこなってきたのですから当たり前です。まずは一人一人の意識と組織運営のあり方を、根拠に基づいて、仕事ができる集団に変えていく必要があります」

工藤　地方だから、東京だから、といった問題ではなく、教育現場の構造を言い当てているように思えたんです。これは僕にとっては衝撃的な言葉でした。

鴻上　そうなんですか。

工藤　校則の可否だけを考えていた僕にとっては、いろいろと考えさせられたんです。いただいた返信のなかには、こんなことも書かれていました。

「校長として学校経営を変えるとき、校則問題はほんの一部にしかすぎません。はっきり言えば決して優先順位の高いことではありません。校則問題は生徒と教師が意識すればするほど互いを不幸にする、ほとんど意味のないものにすぎないと私は思います」

この文章にはほんとうに驚きました。

鴻上　少なくとも鴻上さんは目新しいものとして捉えてくださったわけですね。

工藤　そうです。校則の問題というのは、学校が抱えている問題のなかで代表的なものだと僕は考えています。実際、啞然とするような校則の事例は少なくありません。靴下どころか、下着の色を定めるなんてほんとうにばかばかしいですよね。なおかつ、違反していないか教師が下着の色をチェックしているというニュースは、なんの悪夢かと思います。

生まれつき髪が茶色かったり、くせ毛だったりする子どもに、「地毛証明書」を提出させる学校もあります。これは、生まれつきの容姿を否定することにもつながります。ただ、あまりにも理不尽であるがゆえに、こうした〝ブラック校則〟の問題は目立つし、だれもが議論に参加しやすい。工藤さんはそんなことを当然、理解しているので、最終ゴールはもっと先にあるのだと示唆してくれたように思うんです。だからこそ直接顔を合わせて、じっくり話を聞いてみたいと思ったんです。

校則を変えたあとの「むなしさ」

工藤　ありがとうございます。では、校則の問題から始めましょうか。たとえば、〝ブラック校則〟の廃止を求めて生徒会などが立ち上がり、学校と闘うといった話がありますよね。

鴻上　まさに僕自身がそうでした。昔は〝ブラック校則〟なんて言葉はありませんでしたが、高校生の時は生徒会長として、校則を変えようと訴えました。一校だけでは無視されると考えて、「愛媛県高校生徒会連合」というものを作りました。僕のなかでは中学校の時から日本社会の息苦しさにもつながる関心というか、こだわりがずっとあったんです。やがて演劇作品のなかに取り入れたり、エッセーのテーマになっていきました。現在の同調圧力とか世間といったものへの取り組みはその延長線上にあります。

工藤　私は鴻上さんのようなタイプの高校生ではありませんでしたが、教壇に立ち始めたばかりの頃は、そうした試みをしたこともあるんです。生徒たちといっしょに。生徒会の活動などを通してルールを変えていこう、と。ところが、なんというか、むなしさを感じてしまったんですね。

鴻上　むなしさ？

工藤　はい。

鴻上　実際、生徒たちと一緒にルールを、つまりは校則を変えることはできたわけですよね？

工藤　できましたけれど、たかだか黒い靴下しか認められていなかったものを、白の靴下でもオーケーにするみたいなものにしかならないわけですよ。いったい何だったのだろうと思ってしまったんです。たったそれだけのことですよ。にもかかわらず、ものすごい熱量と時間を費やしてしまう。人生にとって、どうでもいいことじゃないですか。こんなささいなことに子どもたちの目を向けさせてしまった。そこに、むなしさを感じたんですね。

鴻上　ルール変更の成果は、人生のなかではちっぽけなことにすぎない、ということなんですか。

工藤　あるとき、気がついたんですよ。生徒たちは校則の理不尽さについて怒ってはいるけれど、結局、それは先生が、黒い靴下はいいが、白い靴下はダメといって、問題視したからこそ、そこに行き着いたのではないかと。つまり、先生によって〝つくられた〟怒りなんじゃないかって。だから、そこだけにエネルギーを使うのは、ほんとうにもったいない。だって考えてみれば、もっと本質的な問題があるわけですよ。根底にあるのは同質性の高い社会、たとえば鴻上さんが指摘されている同調圧力であるとか、自律性を失った社会であるとか。

私もそうだったのですが、子どもというのはいつだって学校が悪い、先生が悪い、社会が悪いって考えているわけです。であれば、そこにある疑問をもとに、変えていくべきもっと大きな問題があるのではないかと思うんです。そうじゃなければ、靴下の色の自由を獲得したって、むなしさしか残りません。

鴻上　なるほど。おっしゃることはわかります。「校則問題は生徒と教師が意識すればするほど互いを不幸にする、ほとんど意味のないもの」だと工藤さんがおっしゃる理由ですね。

でも、工藤さんにとっては取るに足らない問題である校則が、やはり僕にとってはかなり大きいんです。なんていうかなあ、子どもはやっぱり先生を尊敬したいわけですし、先生を好きになりたい。だからこそ、こんな取るに足らないことを言わざるを得ない先生に対して、深く失望してしまうんです。校則問題の一番の悲劇は、先生を信用できなくなる失望を生むことだと思います。

工藤　はい、失望という点では私もまったく異論ありません。

鴻上　くりかえしますが、僕はずっと校則という存在そのものに疑問を感じてきました。中学時代は丸坊主を強いられましたし、高校に入っても、前髪は眉毛にかかってはいけないとか、女子であれば髪の毛が肩にかからないよう後ろで縛らないといけないとか、ほんとうにくだらない規則ばかりでした。靴下に関していえば、ワンポイントはオーケーだけれど、ツーポイントはダメとか、わけがわからない。ブランドロゴとマークが一緒についている靴下なんかの場合、これはワンポイントなのか、ツーポイントなのかと、先生と議論になったりしました(笑)。だから僕は「なんでこんなくだらない話をしなければならないのか」と何度も先生に聞きました。こんなばかみたいな話を聞きたくないし、僕だってしたくないんだと。だから僕自身もそうですけど、僕に相談を寄せてきた先生も、校則の問題ひとつで、デッドエンドに乗り上げてしまいがちなんだと思うんです。

工藤　ですから、子どもという当事者の側に立てば、見事なまでに〝ブラック校則〟の問題にはめられてしまったのではないでしょうか。つまり、大人が対立軸をつくっているんですよ。子どもたちは大人や体制と闘っているようなつもりになっても、じつは大人がつくった対立軸に乗っかっているだけなのかもしれません。ほんとうに大事なのは靴下の色でも図柄でもなければ、前髪の長さでもありませんよね。そこを変えることだけを目標にしてしまえば、もっと大事なこと、たとえば人権上たいせつなこと、社会に出て必要なことが霞《かす》んでしまいます。だから、大人がつくった問題に子どもをはめこんでしまうことは避けたい。

鴻上　工藤さんはそのことを強調されていますね。

工藤　同様に、「服装の乱れは心の乱れ」とか「規律がないと学校が機能しない」というのも、大人が勝手につくりあげた問題にすぎません。単なる迷信です。

鴻上　その通りだと思います。そして、工藤さんは「取るに足らない」と話す〝ブラック校則〟を、麴町中では撤廃しましたよね。

学校を変えるための戦略

工藤　生徒たちの自律性に任せた結果、そうなりました。しかし、生徒たちは校則問題を目標に、あるいはそれを前面に押し立てて学校改革に取り組んだわけではありません。私は常にこう言ってるんです。「自分たちの住んでいる社会そのものを、責任もって変えてごらん」。その過程で、必要のないものが削ぎ落とされました。そこに校則というものがあったというだけです。

鴻上　つまりは、〝ブラック校則〟が目立つ学校は、ほかのシステムも硬直していることが多いということですね。生徒たちは自分たちが生きる社会、要するに学校の在り方を変えていくなかで、校則なんて無駄だということを〝発見〟したということでしょうか。

工藤　そうなんですよ。

鴻上　ただ、僕は、校則問題に苦しむことで自分たちの力では学校も世界も変えることはできないのだという挫折感、無力感を覚えました。校則をなくすことができなかったこともそうですし、生徒会長として先頭に立った文化祭の企画もかなり学校側につぶされました。学校では否定されることが前提だという刷り込みがされています。

工藤　もしも私が子ども時代の鴻上さんの先生であれば、「これを提案すると、どんな逆風が来ると思う？」と一緒に考えると思うんです。誰が反対してくるか、どんな反対論が出てくるか、校長先生はどんな反応をするか――そんなことをみんなで考えると思います。要するに戦略を練ることです。真正面から戦いを挑み、対立の構図をつくったところで激しい圧力が加わるだけです。派手にぶちあげれば生徒たちは喜びますけど、反発もまた大きい。そうした状況で、どんな提案をすべきか、きちんとした戦略が必要です。

鴻上　でも、やっぱり喜びたいですよ。大人ではなく、一〇代の頃は特に。

三の優先順位リスト

工藤　私が麴町中でやったのは、それこそ戦略的なものでした。最初から校則を問題化し、廃止を宣言したところで教員が乗ってきませんから。どこの学校でも、いろんな教員がいるわけです。怒鳴りまくっている教員もいる。自分の持ち物のように部活を運営している教員もいました。職員室のなかでも牽制し合っていて、自分こそが管理職に対して文句を言えるのだと、虚勢を張りたがる教員もいます。そうした構図のなかでやみくもに戦ったところで何も進まない。みんな反発するに決まっていますから。

　私だって、服装や頭髪はいずれ自由にしたかったんです。ですから最初は全員が同意できるものから提案しました。全員が同意できるもの――たとえば「教育現場でほんとうに大事にしなくてはならないものって何だろう」と問いかけるんです。そのうえで「僕は生徒の命だと思うんだよね」と続けます。これに反発するひとなんかいない。そうだ、そうだと納得してもらえます。これで、まず一歩前進です。さらに今度は厳しく指導しなければならないと考えるさまざまな事例を用意し、その優先順位をみなで考えます。

①コンビニで万引きした
②下校時に雨が降ってきたので、玄関にあった誰かの傘を黙って持ち帰った
③学校にお菓子を持ち込んで食べた
④放課後、係の仕事をさぼって黙って下校した
⑤授業中に隠れてマンガを読んだ
⑥四階の教室のベランダの柵にまたがって友だちと遊んだ
⑦授業を勝手に抜け出した
⑧クラスのある生徒を「お前は障がい児だ」と馬鹿にした
⑨授業中に寝た
⑩ひとりの友だちを数人で無視し続けた
⑪友だちとけんかして殴ってけがをさせた

⑫深夜、友だちと公園で大騒ぎして近隣に迷惑をかけた
⑬違反の服装で登校した

さて、このなかで優先すべきは何か。

鴻上　これは興味深いリストですね。このリストにどう順番をつけるかで、その人の「教育とは何か?」が明確になってくるわけですね。ほんとうに大事なものを何だと思っているのか?

工藤　先ほど「命が大事」だとお話ししましたけれど、私の場合は当然、⑥番を優先するわけです。四階のベランダから落ちてしまえば、命の危険性があります。これは他の何をおいても指導が必要です。

鴻上　それが「現場感覚」ですね。理念とか抽象的目標ではなく、まず現場で最も大切なことは何かという——。ベランダで遊ぶというのは、ありがちですが、危険が明確にあるんですね。僕は、演劇の演出家として「現場感覚」の重要さは痛切に感じます。どんなに熱く「演劇の理想」を語っても、現場が安全に、そしてクリエイティブな雰囲気で進むことほど大切なことはないです。

工藤　その次に優先すべきは犯罪や人権に関することです。万引きや暴力はれっきとした犯罪ですし、障がいのある子どもを馬鹿にするのは重大な人権侵害であり差別です。
こうしてみると、どうでもいいこと、どうでもよくないことが、区分けされていきます。命にかかわる問題と比べれば、服装のことなどどうでもよくなりませんか。
鴻上　たしかに。みんながノーと言えないところから攻めていく、というわけですね。見事な戦略ですね。
工藤　だれもが反対できない、つまり共有できる価値観を確認することで、自ずと〝どうでもいいこと〟も浮き彫りになっていきます。

「服装・頭髪の乱れは心の乱れ」という迷信

鴻上　日本の多くの学校では、逆のパターンで変な合意がされると感じます。たとえば地毛証明書の問題なんかもそうでしょう。これがないと、生まれつき髪の色が茶色なのだと嘘をつく子どもが増える危険がある、みたいな話が出てくる。結果として茶髪の生徒が増えて、〝荒れた学校〟だと周囲に認識されてしまったらどうする？　結局、まじめな生徒たちが迷惑するのではないかという論理。でもそれは生徒のためというよりも、学校の体面を保つための論理ですよね。

工藤　そうです。それは日本中の学校で通用している考え方です。麹町中だってそうだった。私が赴任するまでは他と同様、徹底した生徒指導をしていたんですよ。朝礼では、女の子が膝立ちしていたと聞いています。

鴻上　膝立ち？

工藤　スカートが床につくかどうかのチェックをしてたんです。

鴻上　おお、それはすごい。

工藤　おかしなルールはいっぱいありました。たとえば夏のプールの授業。プールから出ると、当然髪の毛は濡れています。ところが学校にはドライヤーなんてないから、女子生徒はプール後の授業ではバスタオルを肩にかけたまま受けざるを得ない。だって、濡れた髪の毛のせいでシャツまで濡れてしまうでしょ。すると、一部の先生はきつく叱るわけです。授業中はバスタオルを取るものだと。

鴻上　まさに、どうでもいいルールですよね。

工藤　そう、学校って、そうしたどうでもいいルールに満ち満ちています。さっきの頭髪の話に関連したものですと、こんなこともありました。他の区から転校生が来たんです。事前の情報では、その子は髪の毛を金髪に染めていたことが問題となったらしい。で、転校初日に会ってみたら、髪の毛は黒いし、おまけに丸刈りに近い短髪だった。本人、「ほんとうは生まれつき金髪なんですけど、今日は黒く染めてきました」と話すわけです。まあ、どう見てもそうは見えないんだけど、本人がそう言うものだから、「別に金髪でもいいですよ」と答えたんです。すると教員たちが慌てて「そんなこと言っていいんですか」と。案の定、その子はすぐに金髪で登校するようになりました。そうなるともう、みんな騒ぎ出すわけです。「金髪が地毛だなんて嘘に決まってる」と先生方はムキになる。そのたびに私は「ああ、そうだよね。たぶん、嘘だよね」と応じつつ、「でも本人も親も地毛だと言ってるのだから、いいんじゃないの」と答えていました。生徒たちのなかにも「私たちはこれまで厳しく指導されてきたのに、あんなのを許すんですか」と校長室まで抗議に来る者もいましたが、「そんなに重要なことじゃないだろう」と応じていたんです。そのうち、みんな慣れてしまって、それこそ〝どうでもいい〟ことになってしまった。いまなんか、麹町中には髪の毛をブルーに染めた子もいますしね。

鴻上　たとえば工藤さんはそんな時、荒れた学校だと思われて生徒が迷惑するだろうという論理に対しては何と答えます？

工藤　説明するだけですね。

鴻上　どんな説明を？

工藤　重要だと思うことについてはしっかり指導しています、ということ。さきほどの優先順位の話です。

鴻上　なるほど。

工藤　そのうえで、はっきり言います。服装・頭髪の乱れは心の乱れと言いますけど、そんなのは迷信でしょうと。みんな知ってるじゃないですか。だって、海外じゃそんなこと言わないんだから。服装や頭髪は教育の本質じゃないってこと、みんな知ってますよねと。

鴻上　服装の乱れが心の乱れだとしたら、いじめをこっそりやってる人たちはみんな服装が乱れててほしいんですけどね。陰湿で巧妙ないじめをやっている人間ほど、バレたくないんで、ちゃんとしたりしてますからね。

工藤　結局、多くの先生たちって、説明したくないんですよ。面倒だし、矢面に立ちたくない。何か意見を言うことで対立が起きれば感情的なやり取りをしなければならないと思い込んでいる。ダイバーシティとは真逆の価値観が染みついてしまっているんですね。

鴻上　ものすごくわかります。

工藤　必要なのは対話です。それは、声のでかい人に合わせて折り合いをつけることでもなければ、議論に勝つことを意味するものでもない。お互いの共通の目的を探し出す作業こそが真の対話なのではないでしょうか。

鴻上　なるほど。それは苦しんでいる現場の教員たちの希望になるかもしれませんね。〝ブラック校則〟云々という土俵のなかに取り込まれずに、常に何が上位の目的なのかということを考えて、対話を求めよということですね。

みなの固定観念に疑問をぶつける

工藤　私が校則の問題を切り口にしても意味がないと話したのは、まさにそういうことなんです。変えていかなければならない大事なことは他にあるのだから、まずは闘いやすいところから取り組むべき、ということです。

鴻上　闘いやすいところですか。

工藤　はい。絶対みんながノーと言わないところです。

鴻上　命の問題ですね、まずは。

工藤　はい、誰もが肯定せざるを得ない問題から投じればよいのです。共通の目的を探し出す対話が組織のなかでおこなわれると、いろいろな局面で応用されていきます。そうなるといつのまにか頭髪や服装に関しても、意識がどんどん変わっていきますよ。そうした過程を経験していない人、目的を理解していない人は、闘っちゃうんですよ。皆の前で俺は正しいのだと豪語し、小さな問題を切り口に闘ってしまう。我こそは正義の味方と思っている若手の教員たちのほとんどがこれですよね。そうした先生は結果として子どもや保護者の信頼を勝ち取ることができない。

鴻上　賢く闘えということですね。

工藤　「みんな違ってみんないい」という理想を掲げて闘う先生たちがいますが、そもそもみんな違っているからこそ対立が起きるんです。自己矛盾を起こしているんですよ。

鴻上　なるほど、ほんとうにその通りですね。これを聞いたら、僕に相談を寄せてきた先生も元気になるかなあ。

校則を変えたくても何もできなかったと嘆くその先生に僕がアドバイスしたのは、どこか違う学校に行くことは逃げることではないということと、自分がもっと偉くなるまで待ちませんか、ということなんです。「正しいことをしたかったら偉くなれ」という、「踊る大捜査線」でいかりや長介さんが演じた和久平八郎の言葉なんですけど。

そのうえで、「充分偉くなるまでは、戦略的に生きる必要があります」と書きました。「ここで、正面からぶつかって、校長や教頭ともめてしまっては、消耗するだけです。（中略）戦略なく戦っては負けるに決まっています」とも。

工藤さんと同じ「戦略」という言葉を使ってますが、工藤さんの提案の方がはるかに具体的だと思います。「一三の優先順位リスト」はとても有効だと思います。先生のなかには、⑥のベランダより、⑬の服装違反の方を重大に考えてしまう人もいるでしょうからね。

工藤　まあ、その前に本質を見る目を鍛えるべきです。たかだか服装・頭髪にしか目が行かないということじたいがおかしい。そこで挫折感を味わってしまえば、自分にとっても子どもにとっても不幸なことです。髪の毛にこだわっているだけでは、学校の自由とか生徒の自治なんてものは獲得できないじゃないですか。校則の存在を認めながら細かいところでルール変更したって意味がないですよ。

鴻上　改良闘争を続けるんじゃなくて、そもそもこれは一体何のために存在しているかを考えろということですね。

工藤　許容できる靴下の色を増やしてどうするんだと。徒労感しか残らないですよ。やるのであれば、自由か自由じゃないか。そこを議論すべきです。根底を掘り返し、ほんとうに変えるべきは何かということで対話を重ねる。

私が麴町中でやったのは、子どもだけでなく教員全体が持っている価値観を揺さぶること。みなの固定観念に疑問をぶつけるんです。

鴻上　学校側が設定した小さな問題にとらわれて闘っていると、孤立していきますね。僕は中学校、高校で校則問題を闘っている時、自分は圧倒的な少数者だ、という意識がずっとありました。みんな、あきらめてるというか、問題にしない。「鴻上、何を熱くなってんだよ」という反応がほとんど。「いや、だって、リボンの幅とか一方的に根拠なく決められるって、おかしいと思わない?」と僕が熱くなればなるほど、周りは「いいんじゃないの、そんな話」と冷めていきましたね。

工藤　孤立に追い込まれていく気持ちはわかります。学校って、ときに教員と子どもが一緒になって特定の生徒を孤立させますからね。よくあるじゃないですか、何とか委員会とかの名称で、教員と生徒が一緒になって服装違反を取り締まるような風景。もう、最悪ですね。

鴻上　支配する側の常套手段ですね。分断と対立を持ち込むという。

工藤　だから私、麴町中ではすぐになくしましたよ、生活何とか委員会みたいなやつ。「先生の手下をつくるって発想、おかしくないですか？」「子どもが子どもを注意するなんてそんなことやめさせようよ」と。言い続けていると、その通りかもしれないなと賛同してくれる教員も増えていく。無理やり私の意見を押しつけるのではなく、何となくみんなに疑問を持たせて、だんだん風土を変えていくというんですかね。そのうちひとりひとりのスイッチが切り替わっていきます。

手をかけすぎる母親の悩み

鴻上　先ほども話したように、僕は雑誌とウェブサイトで人生相談を担当しています。

毎月五〇本を超える相談が寄せられるのですが、先日、担当編集者が「ぜひ、これを」と持ってきたのが次のような相談。

「娘が『クレヨンしんちゃん』のケツだけ星人のまねをしていて、もうこの四月から小学校に入るんだけど、このままいったら女の子なのにケツだけ星人をしていることで、どんな烙印を押されてクラスでいじめに遭うかわからない。どうしたらよいでしょう」

まあ、正直、脱力したんですが、そのお母さんにしてみれば切実な悩みなのかもしれない。なので、こう答えたんです。

「なぜ、子どもたちがケツだけ星人のまねをするのか。それは大人が反応するからです。大人が顔をしかめたり、むっとしたり、怒ったりするからやるわけで、その反応を、子どもたちは楽しんでいるし、甘えているわけだから、そんなことを問題にすること自体がおかしいのではないでしょうか」

このあたりも工藤さんに聞いてみたいんです。たとえばこの子が小学校に入って、校内でケツだけ星人をまねしたとします。それでもし浮いたとしたら——下品だからというよりも、いまどきケツだけ星人かよ、といったギャグセンスのなさが、子どもの世界で浮いてしまう可能性もある。そこで、この子はようやく自分の失敗に気づく。

こうやって気づきながら、子どもは成長していくものだと思うんです。失敗することは子どもの権利ですから。でも、やっぱり、いまのお母さんたちって、このレベルの心配にとらわれてしまっているんですよね。

工藤　いまの相談事例からすると、このお母さん、ほんとうにこういったことで心配しているのだとすれば、手をかけすぎるタイプの方かもしれませんね。

鴻上　たぶん。先回り先回りして、余計な心配を重ねていくお母さんでしょうね（最近は、こういう母親を「カーリングママ」と呼ぶんだそうです。見事なネーミングだと思います）。

不登校からのリハビリ

工藤　この〝手のかけ方〟というのも、ときに大事な問題となってきます。

よくある話なのですが、朝なかなか起きることのできない子どもがいます。お母さんは心配になって毎朝、起こしに行く。しかし、それが当たり前になってくると、子どもは「うるさい」と反抗するようになる。思春期にはありがちなことですが、そのうちお母さんも嫌気がさして「じゃあ、勝手にしな」と返すことになる。朝は誰の手も借りずにひとりで起きなさいというわけです。すると、子どもはひとりで起きる習慣がなかったものだから、ある日、遅刻してしまうんです。「なんで起こしてくれなかったの」とお母さんを責めるんですね。おそらく、日本中の多くの家庭で見ることのできる風景ではないでしょうか。しかし、こんな積み重ねから深刻な断絶が始まることだってないわけじゃない。

不登校の問題も同じです。私や鴻上さんだったら、「まあ、不登校でもいいよね」「別に学校行かなくたって、いくらでも生きていく道はあるよね」って言っちゃうと思うのですが、家庭によっては、逆に意識しすぎることでむしろ問題を悪化させて、自室にひきこもり状態になってしまうこともあります。それを解決していくためには、やはりそれなりにリハビリが必要です。

鴻上　リハビリですか。

工藤　麴町中って、不登校の子どもが山ほど入学してくるんです。転校生のなかにも多い。

じつは不登校状態というのは、変な話なんですけど安定しているんですよ。不登校であることで安定を保持している。この安定した不登校状態を改善させるためには、リフレーミングといって、もう一度枠組みをつくり直す必要があります。

私はまず、ご両親に会って「お母さん、たいへんだったでしょう。つらかったでしょう」と話しかけながら、不安を解いていきます。「自分の育て方が問題だったのかと思い悩んでいませんか」「お父さんから、おまえのせいだと言われたりしていませんか」。そんなことも話しながら、こう伝えます。

「不登校はね、お母さんの育て方とかお父さんの育て方とかまったく関係ないんです」

実際そうなんですよ。「子どもを甘やかした」って後悔している人もいますが、子どもに甘いことが原因でみながみな、めちゃくちゃになるかといえば、けっしてそんなことはない。では、なにが問題なのか——私は続けてこう言うんです。「自分を責めないでください」

お母さんが自分を責めたり、あるいは両親が互いを責めたりしていると、子どもに伝わるんですよ。自分のせいで両親が責め合っていることは、多くの子どもが知っている。これ、子どもにとってはつらいことです。そうなれば、子どもはまず自分を責めるようになりますから。子どもにとってはものすごい苦痛ですよ。自分を責めてばかりでは、やっていけません。同時に、両親のことも責めるようになる。これでは子どもの自律のスイッチは入りません。だから大事なのは、両親が自然な姿に戻ることなんですね。僕はご両親にこう話します。「まず、不登校である状態が不利じゃないということを、お母さんもお父さんも理解してください」。そのうえでいろいろな情報を伝えます。中学校や高校に行かなくても大学に進むことはできるし、学校へ行かなくたって問題ないのだと教えてあげるのです。

鴻上　ほんとうにそうですよね。一般に思われているほどに、不登校は大した問題じゃない。

工藤　そのうえで、ご両親には「お気持ちや心は、基本的に何も変わらなくていいですよ」と伝えます。大人は、自分の価値観を変えることができなければ、行動そのものを変えることができないと思っている。変えるのは難しいんですよ。苦しくなるばかりで。だから「変わる必要なんかない」と言ってあげるんです。ただ、言動についてはしなければいけないことはあります。それは「いいことは続け、だめなことはやめる」。それだけです。

具体的にはどうするか。たとえば朝、子どもを起こしにいく。声をかける。しかし、子どもは反抗したり、ときに暴れたりする。これは失敗のパターン。つまり「だめなこと」です。だから次の日からは同じ方法を用いない。違う方法を考えます。
朝、声をかけてもだめならば、前の晩のお互いに落ち着いた状況の時に子どもに声をかけてみます。「起こしてほしい？」と聞いてみる。一人で起きることができるのか、何時に起こしてほしいのか、質問してみるのです。起こしてほしいのだと子どもが意思表示すれば、「何時に起こせばいい？　でも、お母さん、起こしに行って文句言われるのは嫌だな」とも言えばいい。「どうしたらいいかな？」。あらためて子どもに訊ねる。

鴻上　つまり、親は子どもを見捨ててはいないのだということを、それとなく伝えるというわけですね。どうするのかと聞くことで、子どもに決定権も与える。尊重されているような気持ちにもなりますよね、子どもとしては。とても大事なことですね。

リハビリのための三つのセリフ

工藤　麴町中では「リハビリのための三つのセリフ」というものを定めています。職員室のなかにも、これがベタベタとあちこちに貼られているんです。

すごく簡単なことです。セリフの一つめは「どうしたの」。子どもにどんなことが起きても、まずは「どうしたの?」「困ったことがあるの?」と聞いてみる。教室を飛び出してしまった子どもがいても、とっ捕まえたあとに「どうしたの」と訊ねてみるんです。そうすれば「あの先生の授業つまんないから出てきた」「あいつ嫌いだし」と理由を話してくれます。先生はそれを「へえ、そうなんだ」と耳を傾けていればいい。

二つめのセリフは、「それで君はこれからどうしたいの」。子どもの希望を聞き出すわけですが、反抗的な子どもからは、なかなか言葉が返ってこない。そうしたら三つめのセリフを投げかける。「何か支援できることある?」「手助けできることあるかい?」。これだって最初のうちはなかなか言葉が返ってこないことも多いのだけれど、そんなときはこちらで選択肢を用意してあげればいいのです。「そうだな。僕が支援できるとすれば、せいぜい別室を用意することぐらいなんだけど」「君が今からやることは教室に戻って一時間我慢して授業を受けるか、または僕が用意した別室で何かやってるかということが選べるけど、どうする?」と。だいたい、「別室に行かせてくれ」となりますよ。その場合でも、ただ別室に連れていくだけではなく、「何をする?」と重ねて訊ねることです。やることがないのだと言われたら、タブレットでも渡せば、

YouTubeでも見ながら静かに遊んでいますよ。それでいいんです。

大事なのは鴻上さんも指摘した通り、本人が決めるというプロセスなんです。三つのセリフというのは、すべて自己決定せざるを得ないものになっています。だからこそ、私は親にも同じことを言います。子どもに話すときはできるだけ質問のようなかたちにして、自己決定させろと。

鴻上　最近ではオードリー・タン（台湾の若手政治家・IT大臣）のソクラテス式問答法が日本でも話題となっていますが、まさにあれと同じようなものですかね。

工藤　問いを立て、それに答えることで思考を活性化させるという点では似ていると思います。

三つのセリフをもとに対話を続けていくと、子どもは学校に見捨てられてないと思うようになる。家庭でも同じですよ。普通、どうしたのかと子どもに訊ね、望んでいた答えが返ってこないと怒り出しちゃう親もいるじゃないですか。

鴻上　「だったら勝手にしなさい！」というパターンですね。

工藤　それやっちゃうと、見捨てられたと思いますよ。結局、エネルギーは自分自身ではなく、他者への反発の方向に向けられてしまう。そうしたかたちでの枠組みが固まってしまいます。

くりかえしますが、大事なのは自己決定させること。それを促すために、とにかく子どもへの問いを重ねること。小さな自己決定の積み重ねが、子どもをリハビリというか元気にさせていくんですよ。

俳優を育てる方法

鴻上　それ、演劇の世界でも同じなんですよ。俳優を育てる一番確かな方法は、問いかけることなんです。「今の役の気持ちは?」「今、この役は何をしたい?」「今、この役は何を考えていると思う?」と問い続け、答えをキャッチボールすることで、俳優は育つんです。

「こう動いて」「こう話して」という命令をすると、俳優は上手くなったように見えることもありますが、一時的なもので、持続しないんです。

演劇は映像と違って、何度もやり直しができるんです。映像は、一回撮影したらそれで終わりですが、演劇は稽古でも本番でも、常にくりかえします。

だからこそ、一回で正解を出す必要がなくて、試行錯誤できるんです。

有名なスターさんへの対応も同じで、周囲の人びとはよく、どう接してよいのかわからないと混乱するんですが、そういう時、僕は「聞いてみましょう」と言います。なんでもいいから聞いてみることで対話が生まれるんです。対話しないことには相手が何を求めているかわからないですからね。こっちはあなたが求めることを聞きますよ、という姿勢を見せることで関係が始まるんです。ですから、それはすごくよくわかります。

だから、不登校の問題も、不登校は何も問題ないのだという知識を持ったうえで、子どもに決定権を与えるように道筋をつくってあげればいいわけですね。

変化するいじめの定義

鴻上　学校という現場で、どうしても注目されるのは、いじめの問題ですね。どこの学校にもある話だと思うのですが、僕が個人的に関心を持つのは教育委員会という存在です。教育委員会って、司法と警察を兼ねているように見えるんです。たとえば、いじめに関する調査がおこなわれる。教育委員会が「あなたの学校にいじめはありますか？」と聞いてくるわけです。その際、学校側が正直に答えると、校長の指導能力とか責任の問題など、いろいろなかたちで学校が裁かれてしまう。〝摘発〟もすれば、ジャッジもくだす。それが怖くて、なかなかほんとうのことが表に出ないようなこともあるんじゃないかと勘繰ってしまうんです。

工藤　相当にバイアスがかかった考え方です（笑）。

鴻上　そうですか⁉

工藤　学園ドラマのような構図なんて実際にはありませんよ。だいたい僕は学園ドラマがあまり好きじゃないんですよね。好きな人には申し訳ないんですが、例えば金八先生。冷静に見れば先生としてあるまじき言動をたくさんしているのに、彼こそが子ども思いの正義の味方みたいな感じ。一方、ほとんどの先生たちや管理職や教育委員会の人たちは体裁ばかり気にしている打算的な大人として描かれている。このドラマを観ている子どもたちは、次第に自分の学校もそんな構図に当てはめていく。

僕ら教員の肌感覚と言ってもいいですが、金八先生の放映がはじまるたびに、日本中の学校が荒れるって感じてました。結果としてみんなが不幸になっていく、そんな感じですかね。

鴻上　そうなんですか⁉

工藤　話を戻すと、ある意味学校が教育委員会に縛られているのは事実ですね。一番は人事を握られているから。

鴻上　そこですよ、そこ。いじめを報告しろと言われて、正直に報告すると君の管理能力不足だと言って人事で遠いところに飛ばされることだってあるんじゃないか、と想像してしまいます。正直に話せばマイナスの評価になる、というのであれば、なかなかほんとうのことは話さないでしょう。

工藤　いやあ、どうですかね。それで飛ばされることなんて、まずないし。

鴻上　えっ、ないですか、ほんとうですか。

工藤　ないですね。テレビのニュースで取り上げられるほどのいじめ事件であれば、それなりのリアクションも予測できるけれど、一般的にその学校でいじめがあったからといって飛ばされることはないです。

もともと全国的にいじめの調査をしはじめたのは昭和の終わりごろだったと思います。この間、いじめの定義は何度も変化しているんですよ。一番大きく変わったのは二〇〇六〜二〇〇七年の学校の隠蔽体質に対する批判が高まったときですが、新たに法律をつくる動きにまでつながったのが、二〇一一年の大津（滋賀県）でのいじめ事件です。

鴻上　ああ、中学二年生の男子生徒がいじめを苦に自殺してしまった事件ですね。

工藤　あの事件が教育界に与えた影響は大きくて、これをきっかけに「いじめ防止対策推進法」という法律ができたんです。いじめへの対応と防止について学校や行政等の責務を規定したものです。このときは、いじめの定義が「児童生徒に対して、当該児童生徒が在籍する学校（小学校、中学校、高等学校、中等教育学校及び特別支援学校）に在籍している等当該児童生徒と一定の人的関係にある他の児童生徒が行う心理的又は物理的な影響を与える行為（インターネットを通じて行われるものを含む。）であって、当該行為の対象となった児童生徒が心身の苦痛を感じているもの」とされました。でもいじめ調査を始めたばかりのころは、いじめとは自分よりも弱いものに対して一方的に身体的・心理的な攻撃を継続的に加え、相手が深刻な苦痛を感じているものと定義がされていたんです。

鴻上　いわゆる弱い者いじめですね。こうしたものは、かなりあったでしょう。

工藤　相当数ありました。ものすごく多かったんですよ。そのうち学校はいじめをゼロにしなければいけないといったプレッシャーもあって、その後、急激に調査によるいじめの件数は減っていきます。しかし、その一方で、学校がいじめを把握することができずに子どもが自殺してしまうという痛ましい事件がたびたび起こってしまうんです。そこで子どもを救うためには、ささいなトラブルにもっと敏感であることが必要だという動きになっていったんです。その結果として、いじめの定義を広めていきます。いじめられた側がいじめだと認識したら、それはいじめとしてきちんとカウントすべきだ、みたいなかたちです。

そうしたなかで平成一八年度(二〇〇六年度)に、いじめの定義が劇的に変わりました。強い者が弱い者に加える、継続的に行われている、といった文言がなくなるのです。いじめとは「一定の人的関係にある他の児童生徒が行う心理的又は物理的な影響を与える行為」になった。

つまり力の強弱ではなく、知り合いである、一定の関係がある、ということですね。そうすると、ある日突然に意地悪を言われたりすることが、極端な話、いじめになったりするわけです。でもこうしたことは、子どもにとっては日常の話です。幼児期であればアスペルガー傾向のある子や、もともとコミュニケーションの苦手な子は、子ども同士の間で急にパニックになって手を出してしまったり、子どもらしい暴言を吐くことも珍しくはありません。それは果たしていじめなのか、という疑問もあるわけです。

鴻上　それは、わかります。子どもの世界では起こることですよね。

教育委員会と議会の力学

鴻上　ただ僕が気になるのは、いじめを減らそうという掛け声に合わせて、報告数が急減することもあるという事実です。そこに教育委員会という存在が関与していないかという疑問が生じる。教育委員会によるプレッシャーが、少なくとも数字上のいじめを減らすことにはなっていないか。

工藤　それがまったくないとは言いませんが、大事なのは定義の変更によって、いじめがあったりなかったりすることです。

たとえばある地域では、隣接するふたつの県が、それぞれいじめの報告数に大きな違いがあったんです。ひとつの県は定義に合わせて、なんでもかんでもいじめとして報告してしまう。もう一方の県は、議会が〝いじめの数を増やすな〟とはっぱをかけたものだから、ほとんど報告が上がってこない。
教育委員会というのはほんとうに議会の力学のなかで動いているものだから、地域によって調査の手法が変わってくるんですよ。

鴻上　議会の力学で動く⁉　いわゆるお役人さんは議員のほうを向き続けているということですか？

工藤　そうですね。

鴻上　でもいまの政権でいう内閣人事局のように強い人事権を持っているわけではないですよね？　議会が簡単に教育委員を飛ばしたりとか、あるのでしょうか。

工藤　飛ばされるわけではないけど嫌がらせはできますよね。

鴻上　どんな嫌がらせなんですか。

工藤　議会での質問だとか。

鴻上　わざわざ呼び出して、いじめは減ってないじゃないかと責めるってことですか？

工藤　はい。あとは地方議員でもどなりまくる人なんて山ほどいるので。

鴻上　なるほど。それは想像しやすいですね。

工藤　だから〝ちゃんと言える人〟が教育委員会には必要なんです。

鴻上　工藤さんは麹町中に赴任される前は新宿区の教育委員会にいましたね。
工藤　ええ、そこでは議会の力学に影響されないようなアクションを心掛けていました。
鴻上　どういう意味ですか？　議会をコントロールするということ？
工藤　コントロールというとおこがましい話ですが、教育の専門家として誠実に教育を考える場に保っていくことがたいせつです。一人一人の議員と人間関係も築きながら、与党からも野党からも信頼を得られるような立場になる必要があります。
鴻上　それはハードルが高過ぎるでしょう。
工藤　実際、高いです。
鴻上　教育委員会で働いている読者がいたら、ため息をついて、今、ここでページを閉じるんじゃないですか。
工藤　まあ、実際、そんな行政マンには、なかなか出会えませんけどね。
普通、教育委員会って、マスコミからも注視されることが多いので守りに入っているんです。議会でもロビー活動を重視して、事前に質問を把握するなんてことは中央官庁と同じです。私も予算特別委員会とか決算特別委員会では答弁に立ちましたが、もちろんいつも真剣にのぞみました。一般的に行政マンは、みんな怖がってますよ。

鴻上　それは怖いでしょう。どんな質問が飛んでくるかわからないのですから。

いじめの件数に意味はない

工藤　私が課長になって、新宿区はいじめ件数の比率が二三区内でワーストになりました。当然、そのことは聞かれるだろうと思って、頭のなかでは答えるべき内容を準備していましたけどね。

鴻上　なんて答えたんですか？　いじめワーストについて。

工藤　普通だったら終始「重く受け止めてます」みたいな答弁になるのでしょうが、私は「いじめの定義を押さえておく必要があります」ということから切り出しました。定義の設定条件によって件数は容易に増減されるのだと説明したのち、こう言いました。

「大人同様、子どもの世界にだって人間関係のトラブルはある。当たり前のようにある。子どもの発達には特性があって、アスペルガーの子どもなどは時に辛辣《しんらつ》な言葉を友だちに向けることもある。そこで言い争いが起きた場合、つまり売り言葉に買い言葉のような状況となった際、これもまた、いじめとして計上されるのが、いまの定義なのです」

こうしていじめが〝つくられて〟しまう危険性を指摘したんですね。ひとつひとつのいじめを特定していくことなど、さほど重大ではない。つまり〝件数〟にとらわれる無意味さを訴えたんです。だって、そもそもいじめというのは大人がわからないようにやるものでしょう。先生の目の前でいじめる子どもなんていませんよ。もともとほんとうの〝件数〟なんてわからないものなんです。

さらに、こう続けます。

「だから、新宿ではいじめの可能性があるものはとにかく全部報告してくださいとお願いしてきました。当然、件数は増えます」

鴻上　なるほど。可能性のあるものはとにかく報告させた。そのなかから問題を探していくわけですね。

工藤　ほんとうは子ども同士で解決するのが一番いい。ただ、子ども同士では解決できない事例もあります。当事者だけに任せてしまえば、命まで失ってしまうケースだってある。だから、このケースは大人が手伝ったほうがいいのか、手伝わないほうがいいのか、または担任がきちんと介入したほうがいいのか、チームで関わったほうがいいのか、場合によっては警察が入ったほうがいいのか。そのときそのときで違うわけです。だから私は最後にこう言いました。

「いじめの調査はいじめをなくすためにあるんじゃありませんし、数を確認するためにあるものでもない。調査の目的は困ってる子どもがいないかを探し出すためのものです。だからこそ、遠慮なく報告してくださいとお願いしたのです。新宿区はこの方針を変えません」

議会の方はこの答弁をみんな喜んでくれました。それ以降、私は三年間課長を務めましたが、ただの一回も議会にいじめのことはどうなっているのか質問されることはありませんでした。議員の方々は与野党にかかわらず皆さん応援してくれました。

鴻上　一般的にはどうしても件数だけでいじめの問題を語ってしまう。増えたのか、減ったのか。本質ではない部分が、解決のかたちであるかのように認識されてしまうということですね。しかし、問題はほんとうに困っている子ども、困難を抱えている子どもを発見すること。それは非常によくわかります。

工藤　だから教育委員会の問題点というよりも、そうした本質にきちんと迫ることのできる人間がいるかどうかが大事なんです。こんなこと言うと反発を受けるかもしれないけど……。

鴻上　いいですよ、言ってください。

工藤　一言で言えば日本の民度の問題だと思うのです。民主主義というものがきちんと教えられていれば、圧力だの権限だのと言う前に、解決の道筋が見えてくるものなんだと思います。外形的なことだけを議論するのではなく、誰を、何を、どうやって救うべきなのか、知恵を出し合うことが民主主義ではないでしょうか。

　僕は教員として教壇に立ったときから、教育は民主主義を広め、平和な社会をつくるためにあるのだと思ってきました。でも、現場ではあえて民主主義という言葉を使わずに、日本中にこの民主主義を理解させる方法を考えてきたつもりです。残念なことに「民主主義」という言葉を使う人間に対して、必要以上に偏見や先入観をもっている人がいると感じてきたからです。

教科書を使わない授業

鴻上　この流れで教育行政に関してさらに話したいんです。日本は教育予算が他国と比較しても少ないことがよく指摘されます。ＯＥＣＤ三四ヵ国中三四位（二〇一八年報告）。つまり最下位。教育にほんとうにお金をかけてない国ですよね。

工藤　そうですね。例えばオランダでは公立であろうが私立であろうが、親の負担は同じだそうです。そういう支援を国がしているんですね。北欧は大学まで学費はタダです。日本は教育ではなく、極端な言い方をすれば教科書が無償化されているだけです。

鴻上　そうです。

工藤　ただ、教科書の無償化というのも問題なんですよ。教科書がなくなると現状では教科書会社は困ります。

鴻上　なるほど。じつは僕はいま、光村図書出版の国語教科書の編集委員をやってます。

工藤　最近の教科書は面白いものを作っているとは思うんですけど、基本的には教科書って一斉教授型のスタイルですよね。その時点で、私の関心は教科書にあまり向かわないんです。

　麴町中の数学の授業では教科書をほとんど使っていません。ほんとうはどの教科でも子どもたちの実態に合わせてそれぞれの先生が教材を工夫して進めるべきだと私は思います。

鴻上　教科書を使わないで授業を？

工藤　そうです。一年ごとに教科書を配るなんて、そもそもおかしな話だと思うんですよ。子どもの自律性ということを考えても、画一的な教材を一方的に押しつけるシステムは疑問です。海外では、教科書ってむしろ無償化されていないところが多い。学校で購入して子どもに貸し出すパターンです。あるいは教科書を使わない学校も少なくない。日本の場合は歴史教育など政治的な問題も絡んでくるので、そうはいかないようですが。

鴻上　編集委員になって驚いたのは、教科書の編集委員だけで話していると、「先生たちは教科書に従い過ぎる」「私たちは単なるきっかけを与えてるだけなのに」といった言葉を多くの人が口にするんです。考えてみたら、教科書というのは先生たちを楽にするためにあるのかなあとも思えます。教科書がないと、学校の先生の労働条件というか労働環境の問題にもつながるじゃないですか。先生の負担が増してしまうという。

工藤　学習指導要領がなかった時代、教員は子どもたちに何を教えるべきか、どう教えるべきか、自分で考えていたものです。いまはみんな、楽なほうに流されていきますね。実際、教科書通りに進めていけば楽であることは確かです。鴻上さんが言うように負担が少なくて済む。そのうえ、いま、文部科学省は、教科書をちゃんと使いなさいと指導していますからね。

かつては、たとえば理科の先生たちの間に「仮説実験授業」を実践するグループなどがあって、みんなで面白い授業を作っていこうという動きも見ることができました。ところが歴史問題などの影響なのでしょうが、教科書を使わない先生たちに「教科書を使え」と圧力がかけられるようにもなりました。

鴻上　それは歴史問題がきっかけだったんですか。

工藤　だと思います。歴史問題がクローズアップされるたびに教科書を使いなさいというプレッシャーが強くなってきた。

鴻上　でも歴史の教科書に従えというのは生々し過ぎるから、いわゆる教科書を使えというふうに。

工藤　そうなんでしょうね。僕なんかはもともと教科書を使わないタイプの数学教員でした。ほとんど自分でつくってきたんです。自分なりの教育観があって数学観があって、自分が考えたストーリーで教えたほうが絶対わかりやすいという自信も信念もあった。だから教科書を使っちゃうとどうしても指導方法が偏っちゃうので、自分でつくった教材を用いて授業を進めてきました。
　数学って、とんでもなくできる子からとんでもなくできない子までいる。それを一時間の授業で、均等にわかりやすく教えるなんて至難のわざなんです。だから柔軟に対応するストーリーを立てるというか、単元計画と毎時間毎時間の例えば五〇分なら五〇分の指導計画というものに、どれだけ個人に合わせた授業構成ができるかというのは、教科書に従ってたらできなかったりするんですね。でもそういうことを考える教員がどんどん減ったんです。

鴻上　教科書を使え使えというオーダーが来たときに、工藤さんはどうしたんですか。それでも教科書を使わなかったの？

工藤　使ってないですよ。

鴻上　文句は言われなかった？

工藤　僕の場合は、ありませんでしたね。基本的に数学という分野では、それほど直接的に言われることはない。あったとしても私なりに対処しながら、結局は子どもに合わせて自分なりの授業を組み立てていたと思いますよ。

教育の最上位の目的は

鴻上　工藤さんが根本的にめざしているところと、僕がめざしているものと、すごく似ているように思うんです。僕は学校と社会がシームレスにつながっていくべきだと考えているのですが、工藤さんもまた、自律的に考える子どもたちを育てたいと考えている。

工藤　はい、これまでの話のなかでも使ってきましたが、自律とは、「自ら考え、自ら判断し、自ら決定し、自ら行動する」ことです。ＡＩをはじめとする科学技術が進展し、経済構造が大きく変化した現在、これまでの常識が通用しなくなっている。だからこそ、いままで以上に自ら考えて行動のできる人が求められるようになっています。ところが、これまでの日本の学校は、自律を育むどころか、逆のことをしてしまっていました。

私は、「自立」という言葉ではなく、「自律」という字を当てています。それは、自ら考え、行動するためには、感情も含めて自らをコントロールすることが必要と考えるからです。問題が起きたときに、誰かのせいにしてしまっていては、自ら考えることはできません。「自分ごと」として考えなくてはならないのです。

鴻上　なるほど。「自律」ですね。僕は、子育ての目的は「子どもを守り育てる」ことではなく、「健康的に自立させること」と言ってるんですが、その意味は、工藤さんの「自律」ととても似ていると思います。ですから、僕は「自立」という言葉を使いますが、はっきりしていることは、「自律」および「健康的に自立」のためには、教員もまた、自分の頭で考える能力が必要だということですね。

工藤　日本の学校教育って明治以降に制度化されましたが、当初は国民に学問を与えて国を豊かにし、兵力も強化して他国と渡り合える国にしようと、そうした目的があったわけです。この発想がいまだに残っているような気がしてなりません。いうなれば、富国強兵のための教育。そこには個人の自律とか、多様性みたいな考え方が優先されている空気が感じられません。

鴻上　教育は国家に従属するものでしたからね。突出した個人を生み出すものでもなければ、弱い立場にある人を救い出すためのものでもなかった。

工藤　しかしいまは、国が豊かさだけを追求すればいいのだという時代ではなくなりました。それがＳＤＧｓの考え方ですよね。早い話、人間が勝手なことをやっていたら人類が滅んじゃうかもしれないということです。教育もそうした流れのなかで新たに語られるべきものだと思います。

鴻上　だからこそ、麹町中は子どもの「自律」をめざした。宿題や定期テストの廃止も、頭髪や服装の指導をやめたことも、そして教科書を使わないことも、けっして奇をてらったものではなく、「自律」を促すためにはどうしても必要だったということですね。

工藤　まさにその通りです。子どもはもともと主体的な生き物なのですから、当事者意識のない大人が一方的に物事を押しつけてしまえば、子どもの自律を奪うことになってしまいます。教育の最上位の目的を失ってはいけません。

いま、学校教育の目的というのは大きくわけて二つあると思うんです。

一つは個人のウェルビーイング。そしてもう一つは社会のウェルビーイングです。社会が持続可能になって、どんな障がいのある子どもでも社会のなかでよりよく生きていけるようにすること。子どもも社会も、ともに幸せなかたちをめざすべきで、それを実現させるために必要なのが、自律を促す教育であり、多様性を受け入れる教育

工藤校長流「学校経営の極意」

- 目標を実現するために、すべての教職員が当事者になる
- 目標実現のために教員・生徒・保護者らと対話を重ね、手段を決定
- 手段を目的化しない

学校の「当たり前」をなくすために

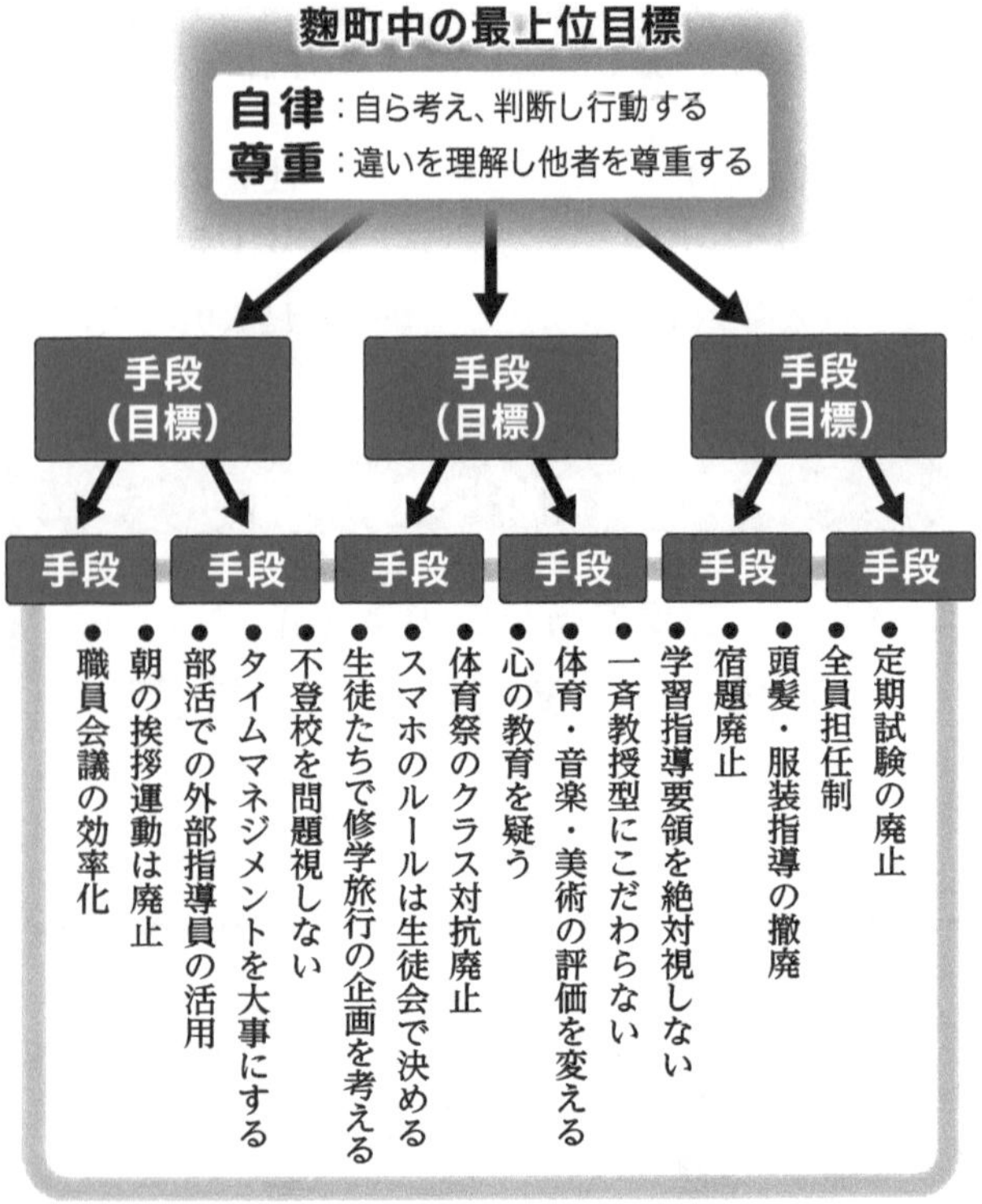

麹町中の取り組みとして話題になった、定期試験の廃止、頭髪・服装指導の撤廃、全員担任制などはあくまで目標実現のための手段にすぎない。大事なのは、最上位目標に照らして、その手段がふさわしいかどうかを、教職員、生徒、保護者などすべての当事者と対話を重ねるプロセスにある。学校の「当たり前」がなくなったのは、結果に過ぎない。

です。鴻上さんも多様性について言及されること多いですよね。

鴻上　はい。多様性ってしんどいものだということです。

工藤　僕もまったく同じことを言っています。みんな違ってみんないい、みたいなことを気楽に話す人も少なくないのですが、それってほんとうに苦しいものです。

鴻上　苦しいですよ。ほんとうにそうです。

工藤　人間はみんな違うし、だからこそ、対立が起きるのも当然だと教える。協調性も重視されなくていいし、みんな仲良くしなくてもいい。「絆」とか「心をひとつに」なんてのも、無理矢理押しつけるものじゃない。それぞれの違いを乗り越えていくために、どうしたらいいか。それを教えるのが教員の役目だと思っています。

「教師のバトン」の本質的な問題

鴻上　最近「教師のバトン」が話題になりました。文部科学省が教員の仕事の魅力などを「#教師のバトン」とつけてSNS上で投稿するよう教員に呼びかけるプロジェクトです。文部科学省としては、素敵な話を集めたかったのでしょうが、意に反して過酷な労働実態を訴える悲鳴ばかりが投稿されたというものです。

工藤　私も応援者の一人として参加しています。結果として文科省の思惑が外れたということなのですが、当然の結果なのかもしれません。というよりも、たとえ成功事例が集まったとしても本質的な部分での問題もはらんでいます。

鴻上　どんなところが問題なのですか？

工藤　たとえば文科省はキャリア教育の実践例みたいなものを出すわけです。実例集とでもいえばいいのかなあ、分厚い本の形式です。これを日本中の学校が購入する。それをみんな鵜呑みにしてしまうわけです。当然、良い事例だと思って。なかには無言清掃だとか朝の挨拶運動だとか、そんな取り組みが好事例として紹介されることもあります。地域の活性化に貢献したとか理由をつけて。すると、多くの学校がそれをまねるんですよ。ですから「教師のバトン」にしても、たとえばカリスマ教師を自任するような人が、声の大きさだけで獲得した事例を報告したら、文科省、どうするんだと。

鴻上　なるほど、それはたいへんですね。

工藤　仕事の魅力を投稿しろといっても、悲鳴ばかりが届いてしまうのも、ある意味、必然的なことかもしれませんし、それはそれで現状がより把握できるようになったことは今後学校教育がよくなるために必要なことだったのだと思います。

過酷な労働条件

鴻上　一般的に言われる働き方改革には取り組んでいるんですか？

工藤　一応、取り組んではいるけれど、でもやっぱり公立の学校だと、できることなんて限られますよね。ただ、僕自身は、学校の中に民間の、それこそ塾であったり、外部指導員にもっと入ってもらうべきだと思っています。麴町中でも、東京大学や上智大学の研究室などに相談をして、「麴中塾」を開きましたし、華道・茶道、あるいは屋上庭園などの活動で、外部の一流の専門家の方に指導をお願いしました。これらは、「働き方改革」をめざしておこなったわけではありませんが、結果として、教員の負担を軽減し、同時に、移動時間を減らすことで、子どもたちの自由時間を増やすことにもつながってくれるのではないかと思っています。

鴻上　いま、教員の志願者減が深刻ですよね。採用試験の競争率が過去最低だと報じられています。やはり過酷な職場だというイメージが定着してるんじゃないですか？　実際、どうなんでしょう。

工藤　勤務時間の問題よりも、精神的なストレスのほうが深刻なんじゃないですかね。もともと人相手の仕事ですし、公立の学校なんて、年がら年じゅう、クレームだらけですよ。

鴻上　それは保護者からのクレームということですか？

工藤　そう、保護者から。子どもたちもいまは自分で解決する能力を失っているので、子ども同士で何かトラブルがあれば、なんで先生が解決してくれないんだよ、といった非難が起きる。

鴻上　「自律」というものが育たないと、すべて教員に責任が押しつけられるというわけですね。

工藤　だからもう、ほんとうに多いんですよ、メンタルを病んだ教員が。休職している教員がそこらじゅうにいる。

休職者が多いと、学校長はめちゃくちゃ嫌がるんです。代わりに非常勤の教員を雇用しなければならないでしょう？　そのなかには力量のない人もいるから、そこでまたいろいろなトラブルが発生することもある。子どもたちも非正規の教員を馬鹿にするし、保護者のなかには、そうした教員を攻撃する人も少なくありません。

そもそも人を値踏みするような社会になっていますよね。個人への批判が当たり前になっている。教員がとくに、そうした社会のターゲットになりやすい。結果、潰れていく人も少なくないんです。

私は教育委員会時代、そうしたメンタルに問題がある教員の対応をしていました。ほんとうに休職が必要な人には、本人の希望に沿った対応をしていましたし、精神的につらい思いをして迷っている人には、「全力で応援するからね」と伝えていました。というのも、多くの学校長は冷たいんですよ。メンタルに問題のある教員に対して、「迷惑だ」くらいの感覚しかない。

鴻上　だから退職に追い込まれていく人も多い。

工藤　多いですね。やっていけないと思いますよ。この世界で弱者として扱われたら、とても教員を続けていくことなどできない。

実際、若手の教員のなかで、子どもを前にして堂々と自分の言葉で語ることのできる人って、どれくらいいるんでしょうか。だいたい、今の教員って、「何すればいいんですか」という人ばかりだから。「授業の時、最初に何を言えばいいんですかねえ」と聞いてくる若手、少なくないですよ。

鴻上　そこへ過酷な労働条件が重なれば、そりゃあ、やめていきますよね。

工藤　日本の教育の問題でもあるんですけどね。教育現場って、精神論的で情緒的に語られることが多いじゃないですか。「心の教育」という言葉そのものがとても美しい言葉としてもてはやされていることもそうです。戦争中の「お国のために捧げる」みたいなことが美徳だった時代から、あまり変わっていないんですよ。だから教員は身を粉にして働き尽くすことが美徳だという認識がある。

「朝の挨拶運動」はただの時間外労働

鴻上　教師の労働条件ということですよね。通常、労働者を過酷な労働から守るのは組合、ユニオンの使命だし、仕事だと思うんです。でも、教師のユニオンである日教組（日本教職員組合）には、いろんなイメージがあるでしょう。いつも考えている例を出しますね。作家業界には「日本文藝家協会」と「日本ペンクラブ」という二つの組織があるんです。「日本文藝家協会」というのは作家の著作権や経済的権利を守る組織です。「日本ペンクラブ」のほうは、表現の自由と平和を求めて国際的に結成された団体で、思想的なアピールもします。共に作家業界にとっては大切な組織です。

日教組は、この「日本文藝家協会」と「日本ペンクラブ」のどちらの役割が主目的なのだろうかと考えるのです。かつて、「政治の季節」で組合員が多かった時代は、両方をめざすと考えてもよかったのでしょう。歴史的な意義もあったと思います。でも今、教師の労働条件がここまでブラックになってしまった現状では、そして、組合の組織率が下がりつづけている現状では、ユニオンの使命は、労働条件を一番の課題にすることで、多くの教師を救うことだと考えます。私の両親も日教組に入っていましたが。そのうえで、今は日教組は政治スローガンなしで、教師の労働条件のみに特化して闘うべき時期なんじゃないかな、と思うんです。

工藤　私も同感です。

鴻上　僕はかつて日本劇作家協会の会長を務めていました。じつは会長時代にすごくもめたことがあったんです。国会で紛糾していたある問題をめぐって、協会内部から声明を出そうという話が出たのですが、僕はそれを止めたんですね。劇作家のなかには自民党支持者もいれば、野党の支持者もいる。声明を出そうという案件は国会で与野党が対立している問題であって、表現の自由など作家の根幹にかかわる問題ではない。日本劇作家協会は劇作家の権利を守るためにあるのであって、政治案件にコミットすることには慎重になるべきだと言ったんです。一部協会員から猛烈な反論が来て、もめにもめました。でも、今でも僕は、自分の判断は間違ってなかったと思ってます。

問題となった「教師のバトン」や、工藤さんが話してくれた教員の世界を想像すると、これは本来教員の労働条件を守るべき組合と政府側が政治的に対立し、それが泥沼化して、過酷な労働現場を改善できなかったんじゃないかと思うのです。

工藤　まあ、そうだとは思うんですけど。もとをたどると、日本が対話から合意をめざす民主主義というものを理解できなかったからではないかと考えてしまいます。

鴻上　そう来ますか。いや、それはそのとおりなんですけど。

工藤　もっと言えば、自分たちの労働環境をよくすることは闘いだと思っているということ自体がおかしい。まともに考えれば、たとえば「朝の挨拶運動」なんて、ボランティアじゃないのなら、ただの時間外労働じゃないですか。麴町中では、「朝の挨拶運動」があるために、不登校の子どもが来にくくなってしまっていたので廃止しました。

鴻上　そう、普通におかしい。労働条件的におかしいし、機械的に「おはよう」と声をかけることじたい、何の役にも立っていない。

工藤　厳しい言い方をすれば、そこからまっとうな感性など生まれっこないですよね。あまりにもそういうことが身近にあり過ぎて、例えばスポーツの世界をとっても、小学校・中学校の部活動の試合とかを見に行くと、応援のしかたひとつとってもチームそれぞれ独特のルールがある。

鴻上　はい、よくありますね。

工藤　「何とか一本何とか何とか」みたいなことを手拍子つけてやってますよね。野球の試合でも同じような風景を見ることができますが、正直言うと私は嫌なんですよ、強制されるのは。応援に加わるのが嫌だから見に行かない。なんか、全体主義国家みたいな感じで悲しい気持ちになるんです。

部活動はボランティア

工藤　部活の話でいえばね、教員の部活指導は勤務時間に含まれていないんですよ。

文科省は教員の自主的、自発的な教育活動という位置づけをしていて、勤務時間外ということになるんです。保護者の多くはそんなことは知らないものだから、せいぜい学校のサービスくらいにしか考えていない。

鴻上　サービス残業と同じと言えるものにも、「しっかりやれ」と注文つける保護者も多くいますからね。

工藤　だから私は麹町中のＰＴＡのなかに、部活動委員会というものを立ち上げたんです。教員はＰＴＡ活動に入って、ＰＴＡ活動として部活動をやっています、という構図に変えたんですね。年度初めの部活動説明会も主催がＰＴＡになるわけです。

鴻上　それはなぜ？

工藤　部活動が教員のボランティアでおこなわれているということを理解してもらうためです。それまでは保護者も、部活動は学校側が勝手に与えてくれるものだと思っていたから、いろいろ文句もよこしてきたんですね。

ところが教員が部活指導するということ自体は以前と何も変わっていないのですが、ボランティアであることが理解されると、今度は感謝の言葉をかけてくれる。つまりＰＴＡのなかに部活動委員会を組み込んだことで、保護者にも当事者意識が生まれたんです。

鴻上　なるほど。保護者もまた、教育現場のパートナーだという意識が生まれるんですね。

全員を当事者に変えるのが校長の仕事

工藤　学校にとって最大の課題は、子どもも、親も、そして教員も、当事者意識の薄さをどうするか、ということだと思います。

目標の最上位に置くべきは、学校を自己決定できる教育の場に変えていくこと。そして、ダイバーシティを受け入れていくことです。

対話を重ねながら共通の目的を探すという地道な作業は、やはり子どものうちからしなければいけません。

なぜ私が学校改革ができたかというと、職員に「自律できる子どもたちを育てるんだよね。だからまず私たちが自律できないとだめだよね」と言い続けたからなんです。それだけですよ。

私たちが自律できなければ、子どもにそれを教えるなんて無理です。だからみんな価値観が違っていいし、とにかく対話をして合意しようよと。それだけ言ってきたんです。校長の仕事は全員を当事者に変えていくことなのですから。

第二章　自律をさせない日本の学校

「国や社会を変えられると思う」は一八・三％

鴻上　教育とは子どもたちの心をひとつにまとめるものだと思っている人、多いですよね。

工藤　多いですね。だから「絆」とか「心をひとつに」なんて言葉が教育の場でも流布される。

鴻上　なんでしょうねえ。

工藤　私は「心はひとつにならない」って、ずっと言い続けています。

鴻上　ひとつに染まったら、ほんと、怖いです。

工藤　大事なのは感情をコントロールしながら理性的に物事を決定する能力だと思っています。でも、日本って、思いやりで解決しようとしてしまうでしょ？　だから「絆」なんて言葉でごまかしちゃう。

鴻上　自分で考えることを放棄しなさいってことですね。

工藤　いま、世界中の教育関係者の間では「エージェンシー（agency）」が大事だってことが言われています。文科省は「主体的に問題を解決する姿勢」と訳しているのですが、ちょっとわかりにくいですよね。

先日、OECDの局長が来日した際、対談させてもらう機会がありました。そのとき、「麹町中の取り組みは当事者意識を育てることだ」と話したら、「それはエージェンシーですね」と返ってきたんです。つまり、エージェンシーは当事者意識を指すような言葉なんですね。なんでも他人事にしてはいけない、自分自身もまた社会を構成しているひとりなのだという考え方を育てるべきだという考え方です。

鴻上　日本はその逆に向かっているように思えます。

工藤　そう、真逆です。自分の問題として考えることができないので、必ず人のせいにする。大人も子どもも。

つい先日、政府の教育再生実行会議において、私は日本財団が二〇一九年に実施した「国や社会に対する意識」調査の結果を使って日本の教育の最大の課題について主張しました。これは世界九ヵ国、インド、インドネシア、韓国、ベトナム、中国、イギリス、アメリカ、ドイツ、日本の一七～一九歳各一〇〇〇人の若者を対象に国や社会に対する意識を聞いたものです。

社会や国に対する意識調査

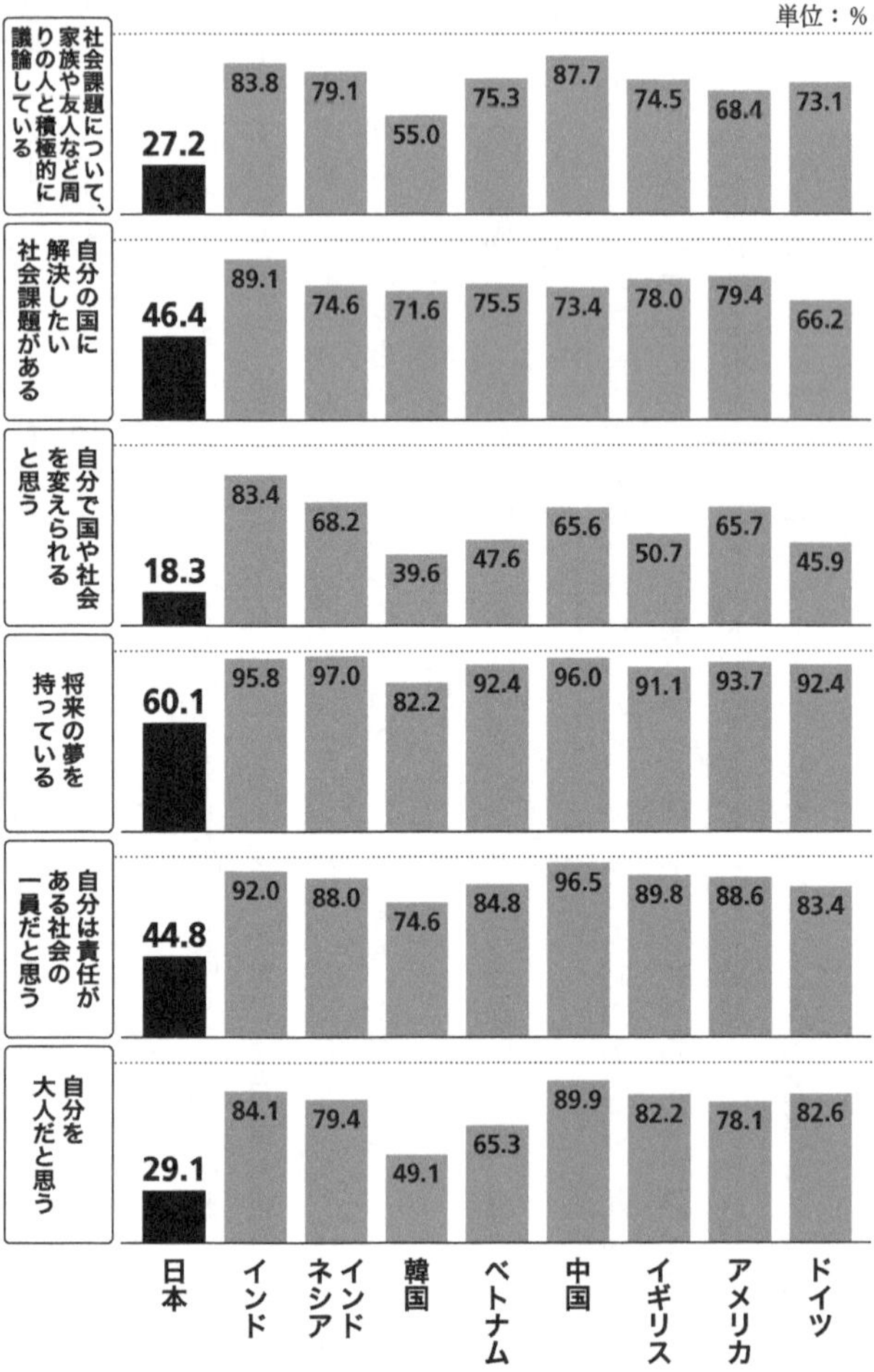
単位：%
社会課題について、家族や友人など周りの人と積極的に議論している
27.2
83.8
79.1
55.0
75.3
87.7
74.5
68.4
73.1
自分の国に解決したい社会課題がある
46.4
89.1
74.6
71.6
75.5
73.4
78.0
79.4
66.2
自分で国や社会を変えられると思う
18.3
83.4
68.2
39.6
47.6
65.6
50.7
65.7
45.9
将来の夢を持っている
60.1
95.8
97.0
82.2
92.4
96.0
91.1
93.7
92.4
自分は責任がある社会の一員だと思う
44.8
92.0
88.0
74.6
84.8
96.5
89.8
88.6
83.4
自分を大人だと思う
29.1
84.1
79.4
49.1
65.3
89.9
82.2
78.1
82.6
日本
インド
インドネシア
韓国
ベトナム
中国
イギリス
アメリカ
ドイツ

日本財団調査、2019年

これが日本全体の若者の姿を象徴する数字だとすれば、すさまじい現状です。「自分で国や社会を変えられると思う」一八・三％。「自分の国に解決したい社会課題がある」四六・四％。「自分は責任ある社会の一員である」四四・八％。

いずれの数値も他国の半分程度です。すべての項目において最下位。惨憺たる結果です。

鴻上　愕然としますね。そもそも「自分を大人だと思う」と考えている人が二九％。他国はほとんど七〇～八〇％を示していますね。

工藤　同じ資料を経済同友会とか経団連といった経済団体でも示してみたのですが、経済界トップの人たちも愕然としていましたよ。「日本はだめだ」と。ただ、子どもだけの問題じゃないんですよ。これは大人の意識を反映したものでもあるんですよね。大人だって「自分で国や社会を変えられる」と思っている人、少ないでしょう。子どもは大人の鏡にすぎませんから。ＯＥＣＤがおこなっているＰＩＳＡと呼ばれる国際的な学力に関する調査結果などを根拠に「日本の教育も捨てたものじゃない」と主張する教育関係者が多くいますが、日本の教育の最大の課題はこの調査結果にこそあると私は思います。たとえどんなに学力が高くても、社会を当事者として歩んでいくことのできない子どもたちを育ててしまっては元も子もありません。

「私なんて」——自己肯定感の低さ

工藤　さらにこの調査結果を見てください。ユニセフが報告した「子どもの幸福度」調査。身体的な幸福度は世界三八ヵ国中一位だったんです。でも精神的な幸福度は、下から二番目。

鴻上　はっきり浮き上がってきますね。自己肯定感の低さが。

それに関して言えば別のデータもあります。国立青少年教育振興機構による調査です（平成二七年度調査研究）。「自分はダメな人間だと思うことがある」が、日本が七二・五％、アメリカ四五・一％、中国五六・四％、韓国三五・一％。

「私なんて」という言葉が口癖になっている若者は多いですよね。あと、「私、バカだから」「俺、あんまり頭よくないんだけど」と枕詞のように言う若者もけっこういます。そう言わないと発言してはいけないと思いこまされているのかと心配になります。

若い俳優やスタッフと話すと、「そんなことしていいんですか?」とよく口にしま

子どもの幸福度（結果）の総合順位表

総合順位	国	精神的幸福度	身体的幸福度
1	オランダ	1	9
2	デンマーク	5	4
3	ノルウェー	11	8
4	スイス	13	3
5	フィンランド	12	6
7	フランス	7	18
14	ドイツ	16	10
19	イタリア	9	31
20	日本	37	1
21	韓国	34	13
27	英国	29	19
36	米国	32	38

ユニセフ「子どもの幸福度」調査2020年　※データは2018年

自己評価（「とてもそう思う」「まあそう思う」と回答した者の割合）

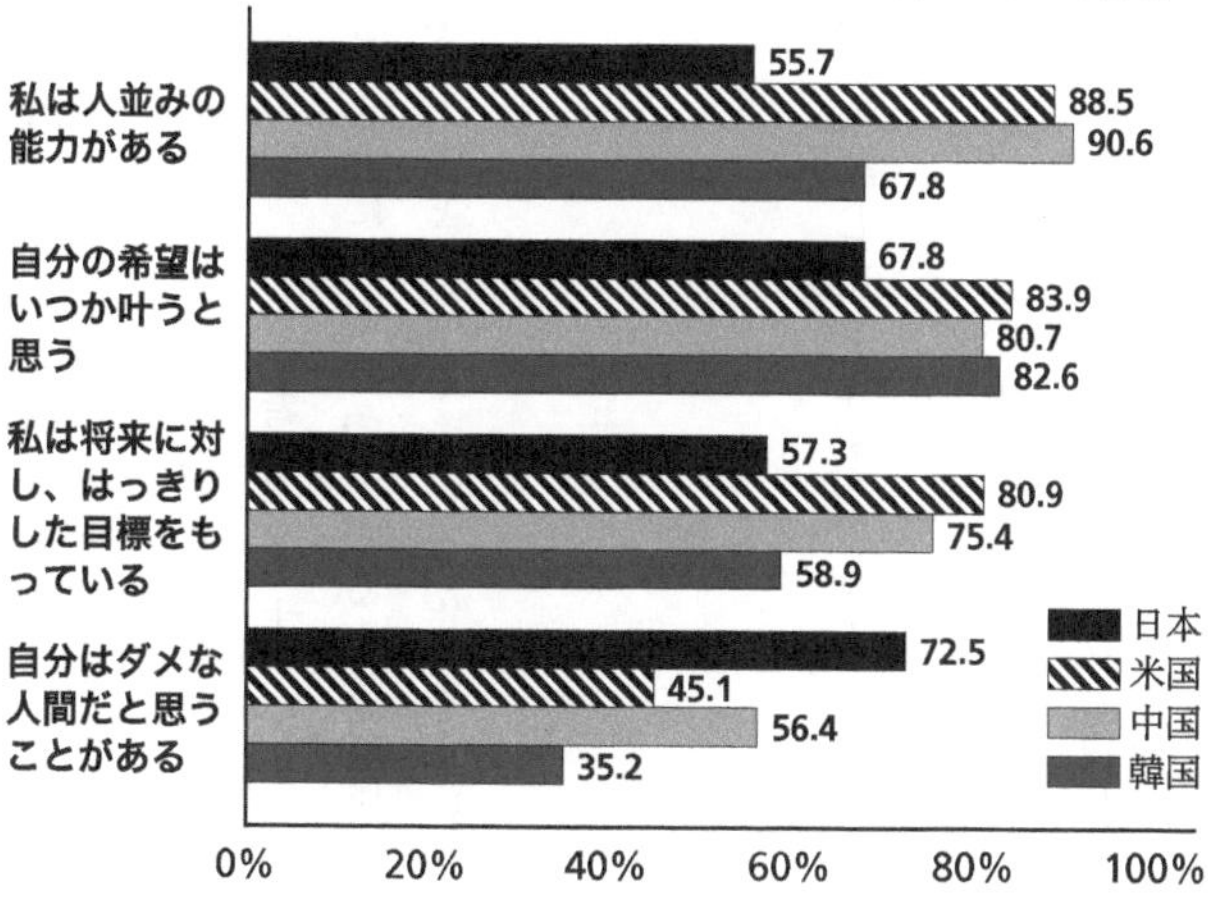

平成27年度国立青少年教育振興機構調査

す。小さい頃から、とにかく「人に迷惑をかけてはいけないこと」を呪文のように刷り込まれているんじゃないかと思います。

何かしようとすると、すぐに「人の迷惑になるかどうか」を心配するというのは、つまりは「自分の気持ちより、周囲の反応の方が大切」という考え方です。

それは、「自分なんかどうでもいい」という考え方に簡単につながるように感じます。つまりは「同調圧力」の強さが、自己肯定感の低さを生んでいるんじゃないかと思うのです。

自律とは、自ら考える習慣をつけさせること

工藤　この自信のなさ……。教育再生実行会議でも話したのですが、日本の教育で足りないのは、当事者を育てるという意識です。

今の教育は、大人が何でも与える側にいて、子どもは与えられることに慣れてしまっている。一種のサービス産業と化しているんです。だから自分で考えたり自分で決めたりする能力が育たない。

自分で物事を考えられなくなった人間には共通する特徴があります。うまくいかないことがあると、必ず他人のせいにするんですね。だからいじめが多いのは学校のせいだし、授業がおもしろくないのは先生のせいだし、自分のクラスが仲よくなれないのは担任の先生がだらしないからだと、子どもだけでなく保護者も同じように考えている。

こうした自分で物事を考えることのできない人間は、総じて自己肯定感が低いから、他者に対する優しさもない。

ときに麴町中の方針である「自律」を、単なる放任だと思い込んでいる人もいるんだけれど、それは違います。学校経営のなかに子どもを引き込んで、自ら考える習慣をつけさせているんですよ。

鴻上　勉強を教えてもらう側、といった意識ではなく、一緒に学校を「つくっている」といった意識ですね。

工藤　私は麴町中に赴任したときから「学校を変える」と言ってきましたが、最初のころは子どもたちから「何を変えてくれるんですか？」と質問を受けていました。そのたびに「学校を変えるのは君たちだよ」と。

その結果、いまは多くの子どもが、自ら学校を変えようと努力しています。そればかりか、「自分で国や社会を変えられると思いますか」とか、「自分の国に解決したい課題がありますか」といった質問をすれば、大半の子どもたちがイエスと答えるわけです。

学校という「世間」

鴻上　それはすごいですね。僕がずっと言っている「世間」という考え方だと、学校はまだまだ「世間」が強く残っている組織です。

講談社現代新書の拙著『「空気」と「世間」』と佐藤直樹さんとの共著『同調圧力』にも書きましたが、僕は日本を「世間」と「社会」に分けます。

「世間」は現在および未来、あなたと関係する人たちの集団です。

「社会」は現在および未来、あなたと何の関係もない人たちの集団です。

「世間」はゆるやかに解体する方向に向かっているのですが、学校はいまだに根強く「世間」が残っています。

ちなみに、「世間」が強く残るのは、お役所や銀行、古い大企業などです。

つまりは、「社会」の速度に合わせて、柔軟に変化、対応しなくても、とりあえず続いていける組織です。もちろん、大企業の吸収、合併、倒産などは、「世間」であり続ける限界が来たということです。

世間に生きるということは、突出しちゃダメなわけです。目立たない、突出しない、はみ出さないことこそが「世間」を生きる知恵なので、自分の頭で考えられなくなるし、考える必要がなくなる。「自己肯定感」を強く持ってしまうと「世間」から排除されてしまう怖さがあるのです。

工藤　集団のために自分が犠牲になるみたいなことを、子どものころから刷り込まれていますよね。

鴻上　いわゆる「集団我」と呼ばれるもの。「自我」ではなく「集団我」がたいせつなんだという刷り込みですね。チームの判断が自分の判断になるとか、グループの決定を自我そのものと受け止めてしまうことが問題です。

誰一人取り残さない方法を皆で考える

工藤　私はいつも言っています。当事者意識を育てるためには、模擬投票とか模擬裁判とか政治の話をすることが必要なのではありませんよと。このへん、勘違いしてしまう人が多いものですから。

自分の住んでいる社会を当事者として変えることができるのか。それを考えるのが当事者意識です。子どもたちにも「学校運営は君たちと一緒にするんだよ」と伝えてきました。

世界的に見れば珍しいことではありません。ヨーロッパの学校はよくやってることなんですよ。小学校のうちから、「来年は予算これだけあるけど、何買う？」と子どもたちに訊ねるんです。そうすると使い道をめぐって対立も起きる。その際、多数決を取らないんですね。多数決を取ってしまったらマイノリティーが潰されてしまう、ということも同時に教えるわけです。

鴻上　たいせつなことですね。多数決は万能のものではないということや、多数決に馴染むものと馴染まないものがあるとか、少数者にとって多数決はときに暴力にも等しいものとなることを教えるんですね。

工藤　徹底して話し合うんです。みながオーケーとなるような出口を探す。誰ひとり取り残さない方法をみなで考える。これまでお話ししてきた「最終的な目標」、つまりは共通できる解決策を見つけ出すための作業を、子どものうちから経験させているのです。

私は当初からこうした教育をしましょうと言い続けているわけです。麴町中は宿題がないとか、服装頭髪指導をしないとか、キャッチーな部分だけがメディアで取り上げられることが多いのですが、本質はここですよ。

鴻上　より上位の目的は何か、ということを常に探る。これが大事なことなのだと、あらためて理解しました。さらに、手段が目的化していないかと、同時にチェックすることも必要ですね。

工藤　これも何度も言うようですが、手段のありかたでもめても意味がない。

幕が上がれば、舞台は俳優のもの

鴻上　しかし、そうした考え方を浸透させていくことに苦労はしませんでしたか？たとえば一般の教員だって、「世間」を生きてきたわけですから。

工藤　最初はひとりですよ。私ひとり。ただ、それはね、その手法をみんなが知らないというだけの問題なんですよ。反発や抵抗だって必ずある。あって当たり前。普通の学校であれば、反対があればそこで頓挫してしまうわけですが、私は異論が出るのは普通だろうとしか思っていないので、それを逆風とも思わない。トップが言葉を持っていれば、ちゃんと通じます。

鴻上　トップが言葉を持っているかどうか。なるほど、それが肝心なわけですね。

工藤さんの話を聞きながら、僕は自分の仕事とも重ね合わせていました。当事者意識を育てるというのは、まさに舞台の仕事でも大事なことなんですね。

役者を育てる過程で、先ほど僕は「問いかける」と言いましたが、こんな言葉をいいます。「ウケるのも恥をかくのも君自身だから」と。真面目な役者になればなるほど、稽古の時、演出家に自分はどうだったか、ちゃんとできているかと聞いてくるんです。

演劇の演出家は、映像の監督さんと違って、なにからなにまで自分の思い通りになるなんて考えていない。映像の監督は自分の見たくないものはカットできるんです。つまり、映像作品を最終的にコントロールできるんです。でも、舞台の演出家は役者が舞台に上がったら、もう何もできない。俳優に託すしかない。幕が上がったら、芝居はもう俳優のものなんです。俳優が突然アドリブでギャグを言って、ものすごい寒い空間になったとしても、あるいは逆に大爆笑をとっても、それは全部俳優のあなたが引き受けることだよ、って話をするんです。結局、それが役者を成長させる、唯一と言ってもいいぐらいのことなんです。演出はもちろんする。でも、あとは生かすも殺すも役者次第。役者自身が責任取って、自分で考えてもらうしかないんですね。

工藤　教育とまったく同じですね。組織における部下の育て方にも当てはまります。

鴻上　そうですね。最初は舞台の上での歩き方レベルからのアドバイスをします。でも、演出家の手がかからなくとも生き生きと演技できるようになることが最終目標です。

いちばん残念な演出家は「こうしなさい」「こう動いて」と、外側からの命令だけを出す人です。俳優が演出家より年上だと、そこで感情的反発が生まれて、現場が混乱することはめずらしいことではないんです。

そうではなくて、「このシーンで一番たいせつなことは何か？」を俳優とともに話して、「何を表現すれば良いのか」を、俳優が自分で気づくかたちで導くことができるのが、一番良い演出家だと思っています。

でも、それはなかなか難しいことなんですよね。たまに、外国人演出家と仕事をした俳優が「私の話を聞いてくれたんです」と感激した口調で話しているインタビューを読んで、暗い気持ちになることがあります。今まで日本人演出家だとそんなに話ができなかったのかと。

教育とは「やり直し」

工藤　日本人らしいといってもよいのか……結局、みんな対話が苦手ですよね。違う意見を持った人と議論することに慣れていないので、すぐに感情的な対立になってしまう。考え方による対立ではなく、感情の対立。だからよけいに解決できなくなるし、最終的な目標にも届かなくなる。というか、最終的な目標が見えなくなる。

鴻上　意見が違うのは当たり前で、だからこそ感情の問題にしないで、互いの着地点を見つけるのが対話なんですよね。その過程で、当事者意識も芽生えてくる。自律が生まれるわけですね。対立することが問題なのではなく、対立してからどうするのか、というところが大事なんですけどね。

工藤　私と一緒に本を書いた木村泰子さん（大阪市立大空小学校初代校長）は、「やり直し」という言葉を用いるんですね。教育とは「やり直しができる子を育てることだ」と。

対立が起きたときについ感情的になって、要らないことを言ってしまった、相手を傷つける言葉を使ってしまったとか、思わぬ方向に、悪い方向に流れてしまうことがある。それを振り返ったときに、ほんとうは自分はどうすればよかったのか、これからどうすればいいのかと考えたときに、人間はふたつの方法をとることが多い。一つは修復に向けて動くこと。もうひとつは、ごまかすこと。そこでリスクを考えるわけです。修復のリスクと、ごまかすリスクを天秤にかけて、修復を選択したほうがリスクは少ないんだよと教えるのが教育だと、木村さんはそう述べているのだと思います。

鴻上　ああ、いいですね。僕が若い俳優に本番前に必ず言うことがあります。それは、

「せりふをとちるだろう」ということです。

「せりふをかんだり飛ばしたりするだろう。間違いなく君たちはとちる。でも大事なことは、とちった後どうリカバーするかだからね」と。

どんな役者でも何十回も公演を続けていれば、絶対にあることなんです。頭が真っ白になってせりふを忘れたり、かんでしまったり。ゼロか百かという生き方をしてきた人だと、そこで投げちゃう。もう、その日の舞台は捨ててしまうんです。「自分、最低でした」みたいなこと言ってね。そして次の日にうまくいくと、天下をとったみたいな顔になるんですよ(笑)。

たぶんそれは、自己肯定感の低さとも関係あると思うんですが、ダメだと思うといきなり投げちゃう。でも、そうではなくて、とちったところからどう踏ん張るかということが大事なんだということを、僕も伝えています。僕は二二歳で劇団を旗揚げしたんですが、俳優はみんな二〇歳前後で、芝居の冒頭、セリフをとちると、もうその回の上演はボロボロになったんです。で、次の日、うまくいくと、もう大喜びする。その光景を見ながら、「いや、それは違うよ」と気づいたんです。ゼロか百かじゃなくて、あきらめず踏ん張って六八点で終わる日もあれば、リカバーして八二点で終わる日もあって、それはそれでたいせつなことなんだと俳優に言うようにしたんです。僕も現場で学んできたんですね。

工藤 人間の特徴というか、素晴らしいのは、それこそ「やり直し」ができること。それを認めることができれば、自己肯定感だってもう少しは高くなるはずなんです。

一斉休校があぶり出したこと

鴻上 コロナ禍にあっては、学校もまたいろいろな試練にあいました。たとえば一斉休校の問題。反発も多かったと思います。どこの親だって、子どもは学校に行くものだと思っていますから。そんな日常がひっくり返ってしまいました。子どもたちも戸惑ったでしょう。なにしていいのかわからなくなる子どもも少なくなかったと思います。

工藤 一斉休校という措置が、あらためて日本の教育の現状をあぶりだしたと思うんです。自律型の学びができていなかったという現実です。だから子どもたちは右往左往してしまった。家でゲームばかりしているとかね。そんなわが子の姿を見て、親は嘆くわけです。まあ、当然とは思いますけど。

鴻上　そりゃあ、嘆くでしょう。学校がゲームと入れ替わったら、小言のひとつも言いたくなる。

工藤　自由な時間が増えたとき、なにをしてよいのかわからない子どもが多いんですよ。レールを敷いてあげないと、いまの子どもは、何もできない。

それは、自律型の学びができていなかったからなんですね。そうなれば、好きなことができる時間なのだとわかっていても、右往左往するしかない。

鴻上　一斉休校でそうなることは予想できていましたよね。学校が休みになって、さあ、時間がたっぷりあるぞとなったとき、子どもたちがみんな独自に自分の好きな勉強のために時間を費やすなんてことができたら、教育で悩むことなんてないし、この対談だって必要なくなる（笑）。

工藤　ほんとですね。でも麴町中の二、三年生は、ラッキーだと喜んでいた子が多かったようですよ。やりたいことできるんだって。

鴻上　自律の成果ですね。

工藤　それからコロナ禍でダントツにめだったのは、教育現場におけるＩＴの遅れですね。まあ、役所が議事録を紐でとじるみたいなことを今でもやってる国だから、当然と言えば当然なんだけど。

鴻上　コロナ感染が始まってしばらくした時、絶対、第二波、第三波が来るんだから、子どもたちに、ＩＴの環境を整えてあげるべきじゃないかって、僕は言っていました。パソコンを配布するとか、Wi-Fiの環境を提供するとか。でも日本って、そこまでの予算がないわけじゃないだろうに、Go To関係に金を使ってしまう。

僕は英語の勉強で毎晩、海外の各地に住んでいる人と話しているんですけど、学校で教えている人では、ＩＴの遠隔授業は当たり前になっている国が多いです。

工藤　危機に対して最悪の状況を想定して、それを逆算して先手を打てるという、そういうリーダーが非常に少ないんですよ。教育現場は特に。

教育行政の問題もありますよね。ＩＴに関してはもちろんのこと、すべてにおいて考え方が旧態依然なんです。文科省なんかも、いまだに全国一斉の学力調査の結果ばかりを重視するような人が少なくない。マスコミもまた、今年は（学力調査の結果が）良かったのか、悪かったのかと、そんなことばかり聞いてきますからね。もっともらしい答えを用意することが仕事になってしまっている。

鴻上　工藤さんの「自律」、僕にとっては「子どもの健康的な自立」というテーマを考えると、気が遠くなりそうな話です。

工藤　だから日本はそうした面でも遅れているわけです。目の前の二項対立になりやすいものを、自分たちでうまく使っているんです。メディアに問題点を提供して、叩いてもらったりとかね。その場しのぎの施策を賢い人たちがずっとやってきたんです。自律できない子どもたちが増えているのは、そうしたツケが回ってきているからだと思いますよ。

鴻上　偏差値的に賢くなることと、教育の最終目標は違いますからね。

工藤　そうですね。大体、偏差値なんてことを気にするのは世界の中でも日本だけですもんね。

鴻上　偏差値って日本人が考えたんですか?

工藤　はい。だから偏差値が何であるのか、世界的にはほとんど理解されていないと思います。知らないはずですよ、海外の人は偏差値なんて。

ちょっと大げさな言い方になってしまいますが、ほんとうに世の中を変えたいと思うのであれば、やっぱり全員を当事者に変えていくための仕組みをつくることなんじゃないですか。最上位目標がなんであるのかを徹底して議論して、それこそ政治家も文科省の役人も含めて一度は本気で話し合うことがたいせつだと思います。

「わかる授業」が良い授業なのか

鴻上　そうなるとやはり、いままでの教育の枠組みみたいなものは、一度、捨てちゃわないとダメですね。

工藤　捨てるというか、ぶっ潰す。

鴻上　すごいな、ぶっ潰すんだ（笑）。

工藤　いままでの価値観は潰していかないと。そうでなければ子どもはいつまでたっても自己決定できないし、自己肯定感を得ることもできない。当然、自律もできなければ、当事者意識も育たない。

私はまず、「わかる授業」こそが良い授業なんだという価値観をつぶしました。先生たちに言ったんですよ。「わかる授業をやればやるほど、わからない授業が生まれるじゃないですか」と。学校のなかには林修さんのようなスーパーティーチャーもいれば、わかんない授業をする人もいるでしょう。すると、「わかる授業」をする先生だけがめだってしまう。そうなれば、その先生に依存してしまうんです。ほんとうの学びって、教えてもらうことじゃないですよね。学びとは、自ら学ぶことです。その姿勢です。だから「わかる授業」を実現しようと言ってることじたい、日本の教育の最大の問題点なのだと思います。

鴻上 ほう。それは斬新な考え方ですね。

工藤 もしかすると、教育界においては私が最初に言いだしたことかもしれませんけどね。

鴻上 では、「わかる授業」に代わる言葉って何ですか?

工藤 「学ぶ授業」。

鴻上 なるほど、主体のイメージがより子どもですね。

工藤 だって、学ぶのは子どもだし。「わからない」ことは重要なんですよ。わからないことをわかるようにしようと努力することって、その学びのプロセスとか、そこで得たスキルとか経験が、まさに学ぶ力なのですから。

鴻上 それで思い出したのですが、僕はロンドンの演劇学校に通っていましたけれど、親に評判のいい演劇学校って、やたらていねいに教えてくれるところなんです。ワンステップずつていねいに、階段を一歩どころか半歩ずつ確認しながら教えてくれる学校。親が入れたがるのは、そういうところなんですね。逆に生徒の自主性に任せ、なんか突き放したような教え方をするような教育方針の学校は、じつは人気がない。わかりやすく教えてくれる先生が良い先生であり、授業は「学ぶ」ものではなく「教えられる」ものだと思い込んでいるんですね。

工藤　英国の一般的な学校の授業って、じつは日本と似ている。一斉教授型なんですよ。そして学力重視。ムチ持って教えたりする歴史がありますからね。いまでも生活指導のルールはすごく厳しい。何度か遅刻すると親が呼び出されたりします。授業中に寝ていたり、宿題を忘れたら、それだけで成績が落とされますからね。

鴻上　そうなんですか。やはり北欧なんかとは違うわけですね。

工藤　僕は詳しくはありませんが、英国は日本と同じような雰囲気がしました。

鴻上　なるほど。同じ島国だから似たところがあるんですかね。国民性も日本と似て保守的と言われますしね。米国はどうなんでしょう。

工藤　僕の見た学校は、生活指導はやはり厳しいですよ。銃社会ですから、そのあたりの指導は厳格です。暴力に関してはゼロ・トレランス（一切の妥協のない排除）です。

無慈悲とも思えるルールで、規則に違反した生徒には処分が下される。

「アクティブ・ラーニング」は効率的

工藤　一方で、米国はアクティブ・ラーニングが盛んです。

鴻上　最近は日本でも注目されていますよね。生徒が能動的に学ぶ仕掛けですね。

最近、僕が司会する番組「COOL JAPAN」で、日本に来ている外国人の高校生にスタジオに来てもらったんです。日本の学校で驚いたことはあるかと質問したら、当然ながら校則の問題は出てくるんだけど、もうひとつは、授業中に寝ている生徒がいると指摘する子が多いわけです。思わず「えっ、きみたち授業中に寝ないの？　そんなにみんな真面目なの？」って言ってしまいました。すると、彼らは「いや、真面目とかそういう問題ではなくて、寝てる暇がないのだ」と答えました。アクティブ・ラーニングが当たり前となっているから、寝ていられないわけです。

工藤　そうかもしれませんね。

鴻上　日本の授業は、いわゆる「チョーク&トーク」が主流です。これは「一斉授業型」の別の言い方ですが、黒板の前で先生がチョークを持って、一方的にしゃべり続けるものです。まさに「教えてもらう」授業。僕は、演劇的に言えば、身体化するとか、体ごと参加する方法によって、自分の頭で考える子どもを育てることができるんじゃないか、という期待を持っているんです。学びの身体化とでもいえばよいのかな、これもアクティブ・ラーニングのひとつといえます。

演劇の世界でも、たまに演出家の偉い先生が「演技とは何か」みたいな講義を役者にしてくれることもあるんだけど、ただ、ぺらぺらとしゃべるだけで……気がつけば若い俳優はたくさん寝ています（笑）。

工藤　麹町中の子どもだって寝ますけどね。一斉教授型の授業だってあるわけですから、寝る子もいれば、小説や漫画を読んでる子もいます。今は叱りませんけど。

鴻上　叱らないんですか？

工藤　叱ってやらせても自律を奪うだけですから。

鴻上　アクティブ・ラーニングはどう思いますか？　僕はかなり期待している部分で、たとえば「島原の乱」を勉強するとして、ただ受け身で聞くだけじゃなくて、友人同士でリサーチして、それをプレゼンのようなかたちでみなに見てもらうところから始めるわけですね。これを取り入れている学校は多いと思います。クラスメイトと、発表のために議論しまとめることで、主体的に理解が深まる。発表することでプレゼンの能力も磨かれる。

僕は演劇の人間だから、すぐに思うのは、それだけじゃなくて、だれかが天草四郎になって、別の誰かがインタビューするという、さらに演劇的に歴史を身体化したアクティブ・ラーニングもあるということです。「どうして島原の乱を起こしたのですか？」「勝てると思ったんですか？」「どうして多くの農民が集まったのだと思います？」と質問するのです。また、幕府側の人間を用意するのも面白いでしょう。「どうしてキリスト教を禁じたのですか？」「どうして、こんなに戦いは長引いたのだと思いますか？」と聞くのです。余裕があれば、クラス全体から質問を受けてもいいと思います。

一方的に先生が話したり、膨大な宿題を出すよりも、よほど歴史を理解できるんじゃないかと思うんです。

工藤　それは面白いですね。じつは麴町中も、教科以外の授業ではアクティブ・ラーニングのような授業をしてるんですよ。教科でも、数学の授業ではグループごとに顔つき合わせて、思い思いの方向を向いて授業を受けています。

鴻上　みんなが同じ方向を向いていていない。

工藤　それからタブレットを使う子が多いですね。学校で貸し出してるんです。それでそれぞれが好きなように調べながら学んでいます。それ以外の教材も自由に選んでいます。問題集も決まったものを買わせていないんです。もちろん問題集がほしい人は、買ってもいいですけど。塾の問題集を使ってもいいと言ってますから、それを持ってきて、授業のなかで解いてる子もいますよ。みんな、ばらばら。グループだけでずっとしゃべり続けてる子どもたちもいれば、塾の問題を必死に解いてる子もいる。

鴻上　それぞれに学びのレベルの違いは出てきませんか？　理解の深さとか範囲とか。

工藤　当然、あります。ただ、わからないことがあればすぐに先生に質問できるし、友だちにも聞けるし、じつは逆に効率的です。ばらばらに見えて、じつはちゃんと学んでいる。問題解決のスピードも速い。一番遅い生徒でも通常の一斉授業とは比べようもないぐらい速く進むんですよ。それこそ鴻上さんが言うところの「チョーク&トーク」だと、誰が理解しているのか、理解していないのか、まるでわからないですよね。

三〇人を超えると集団の質が変わる

鴻上　なるほど、むしろ効率的なんですね。先生もそばにいって直接、生徒の質問に答えることもできるから、子どもの顔がよく見える。そうしたことから言えば、教育界の一部で主張されてきた「三〇人学級」の件など、どう思われますか？

工藤　もちろん賛成です。コロナ対応もあり、文科省も急に「三〇人学級」なんてことを言いだしたのですが、タイミングとしてはズレているのかもしれません。ヨーロッパなどでは子ども主体の授業をつくろうとしたので、少人数のほうが実現しやすいという事情もあった。日本はどうなんでしょう。一斉教授型なので、静かに黙って授業を受けてくれれば、別に人数なんてどうでもよかったんです。一斉教授型である以上、何十人いようと関係ないじゃないですか。

そうしたなかで、欧米もそうなのだからと少人数学級をめざす動きが出てきた。

しかし、多くの人が少人数学級にすることで学力が上がると思い込んでいる。つまり、少人数と学力を紐づけているんです。

鴻上　結局、そうなるんですか。

工藤　少人数にして、自律型の子どもを育てるというのではなく、少人数にして学力を上げることがセットになっていることが問題です。

鴻上　長年、演劇を続けてきた僕の実感でいうと、ワークショップって三〇人を超すと集団の質が変わるんです。三〇人までは、誰かがミスをしても割と温かい笑いで受け入れられるんです。ところが三〇人を超えると、何かミスがあると結構冷たい雰囲気が走るんです。なんでしょうね。集団が不寛容になるというか、刺々《とげとげ》しくなるボーダーラインが三〇人なんです。だから僕は三〇人を超す若者を任されたときは、とにかく失敗してもいい現場をつくるまでにすごく時間をかけます。その点、三〇人以下だったら失敗してもいいという雰囲気をつくりやすいんです。やはり三〇人というのは、集団としての一つの不思議な目安だと思いました。

これが二〇人くらいの小規模になると、もっと楽で、ほんとうに失敗しやすくなる。ただ、工藤さんが話したように、学力を上げることを目的とした、演劇の世界で言えば演出家が自分でやりたいことを押しつけるためといった目的があるとすれば、まったく意味がないですよね。

工藤　本人たちを主体者に変えるための少人数だったらいいんですよね。

鴻上　ほんとうにそうです。

工藤　だから人数が問題ではないんですよ。あくまでも中身にこだわるべきなんです。コロナの対応で、いま私が校長をしている横浜創英（中学・高校）もオンライン授業を導入しましたが、そこでわかったことがあります。高校は一学年で一四クラスあるんです。つまり、一時間に一四の授業がおこなわれる。それだけの教員が必要となるわけです。しかしオンラインであれば、二つ、三つのクラスを同時に教えることもできますよね。しかも学びを主体的にするために、授業前にテーマとなるべき動画を配信して、まずはそれを生徒に見てもらう。この事前学習によって生徒は少しばかり能動的になった状態で、授業を受けていくんです。話し合いの授業になったら少人数ごとのグループ、ブレイクアウトルームとかに分けて、そこに教員が複数入って展開をするような教科も出てきました。そうするとね、ＩＴを駆使すれば、別に少人数じゃなくても、ちゃんと授業を進めることだってできるわけです。

鴻上　なるほど。

工藤　集団を少人数にするということは、当然ですがその分だけ教員の数を増やさなければならない。乱暴な言い方をすれば質の低い教員が余計に雇われることになる。

一クラスを二分割にして教えることをイメージした場合、一斉授業でおこなうなら優秀な教員が一人でまとめて教えた方が効果が上がることは誰でも知っています。しかし日本は護送船団方式で、しかも授業の中身を変えることなく、ただ人数を減らせば学力も上がるだろうという感じじゃないですか。しかも、文科省が予算をつけましたから少人数にしてください、といった押し付けによって進められる。

鴻上　なぜですか。どうしてそんなシステムが横行しているんですかね。予算はとりました、あとは学校独自に自由に使ってくださいというかたちにすればいいのに。

工藤　現状では難しいですね。学校に主体性がありませんから。校長はお金の権限がほとんどありませんから、お金に関する文句と要求ばかり言い続けることになるんです。お金が足りない、人も足りない、どうしてくれるんだと。でも実際、自由に使えと予算が与えられたら、多くの校長は困ってしまうと思いますよ。

とりあえず要求だけはする。文科省としても、要求は一応、聞くだけは聞く。というか、要求を上げてもらったほうが文科省も楽なんです。そして、要求を財務省に上げる。だが、財務省は首を縦に振らない。ここまでが定型化した動きです。あとはそれぞれ「上が認めない」とか悔しそうに言えば、「上」だけを悪者にして、あとは何もなかったように日常に戻るわけです。虚しいセレモニーのように感じてしまいます。

鴻上　大人社会もまた、自立できていない。

工藤　何度もくりかえしますが、そんな環境で、ほんとうに自律的な教育なんてものができるのか、ということです。

鴻上　普通の企業であれば、気がつかないうちに業績が悪化し、倒産していくパターンですね。

工藤　そうですね。だから日本の学校教育にどっぷり浸かれば浸かるほど、世の中で活躍する人材は生まれてこないんじゃないかとも思うんです。世の中をつくっていくのは異端児ですよ。必要とされているのは、慣例に疑問をぶつけることのできる人間です。しかし、今の教育は、ただ従順で素直な人間をつくろうとしているように思います。

スマホのルールは子どもたちが決める

鴻上　麴町中を「COOL JAPAN」で取材させてもらったときの映像で何より驚いたのが、スマホをめぐる子どもたちの話し合いです。普通の学校であれば規則をつくって子どもに従わせる。麹町中では子どもたちが中心となり、議論しながらルールを定めていきます。スマホを授業中に使ってもいいのか、いや、授業中はダメだろう、では使えるのはいつか、とじつに活発な議論が展開されていました。見ていて、日本の学校とは思えませんでした。生徒たちは、自分たちで決めれば、それがそのままルールとなるとわかっているので、みんな真剣なんですよね。僕の中学校時代の「先生たちは形式的に生徒に議論させているけれど、結論は先に決まっている」というパターンの真逆でほんとうに素晴らしいと思います。

工藤　そうですね。で、どこかが間違っていればあとから修正すればいいわけです。大事なのは、子どもたちが決定するということ。

鴻上　そこですよ。自己決定権。日本の学校では、生徒がいまだに手に入れられていないものです。

工藤　ただね、じつは生徒たちが話し合いをする前から、教員の間では、もう自由にしようよという声も出ていました。

鴻上　そうなんですか。生徒たちの議論のなかで面白かったのは、授業中はスマホを見るのはダメで、休み時間はいいのなら、給食の時間はどうなのか、ということを真剣に話し合っているところでした。その細かさが、本気の表れに感じました。

工藤　私もね、もういい加減に決めちゃえよと言いそうになりました。子どもがそう決めたのであれば、自由にすればいいのだから。でも、そこはやはり子どもたちにプロセスを経験させなきゃいけない。少なくとも私と教員の間では、全部自由でいいじゃん、ということで結論が出ていたのです。

鴻上　全部自由ですか。ということは授業中もスマホを持っていいと？

工藤　授業中に持っていてもいいし、授業中に写真撮ってもいいし、調べものしてもいいし。

鴻上　ほう、それはすごいですね。

「私のパソコンはあなたの眼鏡」

工藤　それに民主的な考え方でいえば、スマホを必要とするような子もいるわけです。そうした子どもにとっては眼鏡と同じくらいに大切なものかもしれませんし。

鴻上　たとえば、どんな子ども？

工藤　ＬＤ（学習障害）の子どものなかには、計算がまったくできない子もいるんです。

鴻上　なるほど。それは大事なことですね。

工藤　日本の学校は数学のテストで電卓使わせてくれないじゃないですか。スマホの電卓を使えばいいんですよ。そして、教員はそれに見合ったテストをつくればいいのだし。

子どもが世の中に出たとき、その子がどんなスタイルで生きているかと逆算して考えることが重要なんです。

鴻上　いい言葉ですね。そこからほんとうの意味での公平さも見えてきます。

工藤　ノートをとることができない子どももいますからね。

鴻上　ディスレクシア（読み書きに困難を伴う症状）の子ですか？

工藤　そうです。今回、非常に興味深い資料をお見せします。

これはディスレクシアの子どもを持つ教育関係者から借りてきたものです。当初、この子はノートにこれだけのことしか書くことができなかった。夏と冬で降水量が違うのはなぜなのか考えようという問題です（次ページ写真上段）。

鴻上　はあ、なるほど。

五年生男児のノート

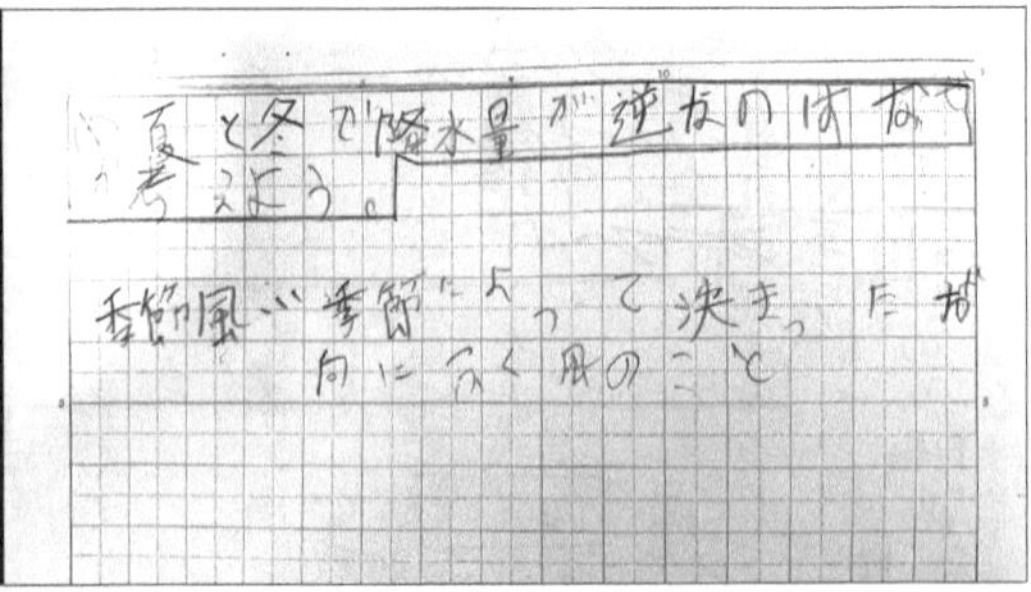

五年生男児のノート PC利用（数日後）

9月7日（月）単位量あたりの大きさ②
速さを求める式
――――――――――
速さ＝道のり÷時間
――――――――――
めあて
どちらが速い？
・はくたか号→450kmを3時間
・ひかり号→366kmを2時間　　×3

```
        0       □            450（km）       →
道のり |――― |――― |――― |           □km  | 450km
       |      |      |      |           ――― | ―――
時間   |――― |――― |――― |           1時間 | 3時間
        0      1      2      3（時間）       →
                                              ×3
```

――――――――――――――――

はくたか	ひかり	
450÷3＝150	366÷2＝183	時速…1時間あたり　｜
A、150km進む	A、183km進む	分速…1分あたり　｜に進む道のり
		秒速…1秒あたり　｜で表した速さ。

――――――――――――――――

五年生男児のノート PC利用（半年後）

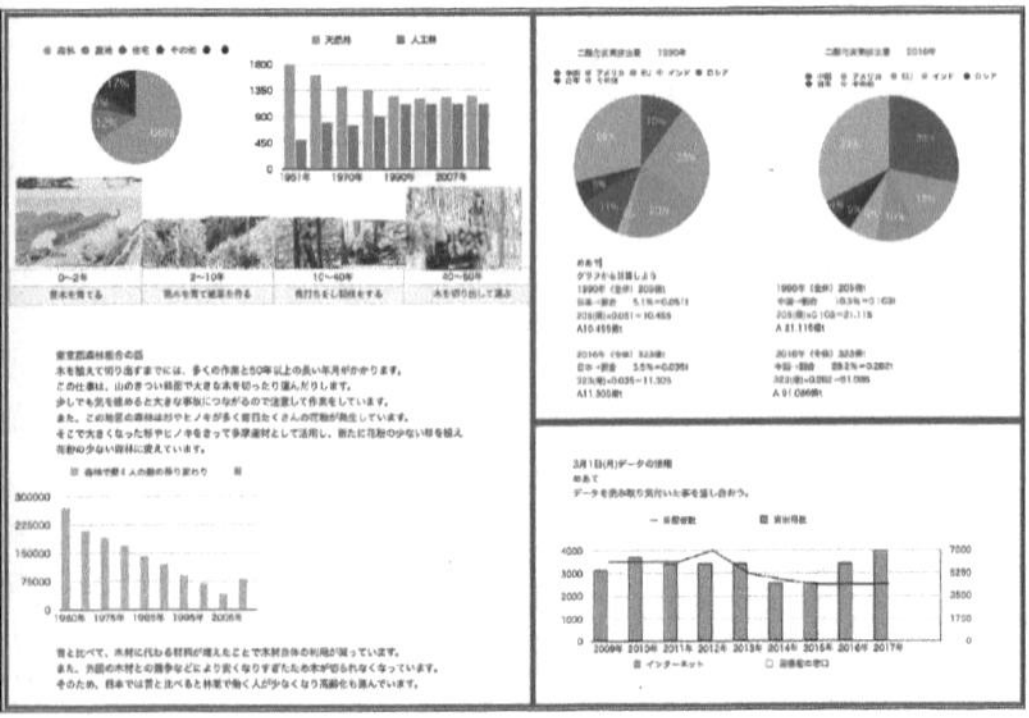

工藤　この子はノートが追いつかなくて、やる気が失せていたそうですが、ディスレクシアという診断が出たことをきっかけにパソコンを使ってみることにしたのだそうです。で、数日後のノートがこれ（写真中段）。

鴻上　おお、すごい。

工藤　パソコン使用が認められてから、わずか数日後ですよ。そして半年たったら、こんなノートができました（写真下段）。

鴻上　うわっ。これはすごいなあ。

工藤　じつはこの子のお姉ちゃんもディスレクシアだったそうです。お姉ちゃんは学校でパソコンを使いはじめるにあたり、男の子に「なんで、お前だけパソコンを使うんだよ。ずるいじゃないか」と言われることも想定し、もし言われたら「あなた、眼鏡をはずしなさいよ。私にとってのパソコンはあなたの眼鏡と同じものなんだから」と言い返すつもりだったそうです。

鴻上　素晴らしい。素敵なお姉ちゃんですね。

工藤　こうしたことがね、学校のなかでも日常的に議論されるといいですよね。

もしも麴町中であれば、スマホの利用をどうするかというときに、「スマホ使わないとノートをとれない子がいる」といった発言があれば、「それは使わなきゃ」という対話になると思うんです。大人の側がルールを決めるのではなく、対話を重ねながら決めていくというプロセスを、子どもたちが通ることができれば最高です。

鴻上 ちなみに先ほどの資料、提供してくれたのは学校の先生ですか？

工藤 教育委員会時代の私の部下だった人間です。息子さんと娘さんがふたりともディスレクシアなんです。自分の子どもがそうした障がいを抱えていると知った時に、どうすべきか、なにをしたらよいのかと考えたそうなんです。そこで得た結論の一つが、ノートをとるのが難しいのであればパソコンを使わせようと。そこで子どもが通う学校の先生に、授業中にパソコンを使わせてほしいと頼み込んだんです。

鴻上 ノートをパソコンに替えた。ただそれだけで、こんなにも進歩するものなのですね。これはもう、まったく自己肯定感が以前とは違うでしょう。ちょっと感動的な例です。

工藤 自信を持ちますよね。その子の通う学校の授業は、普通の一斉教授型なんですよ。それでもこんなに変わることができる。パソコンひとつで。だからこそ、頑なにスマホやパソコンの使用を拒んでいる先生は、救えるはずの子どもを救っていないのかもしれませんね。

鴻上　学校教育が変わっていかないと、不幸な子どもたちを生み続けるだけですね。

自律性を奪う宿題

鴻上　麴町中では宿題がありませんよね。

工藤　ないですね。全廃しました。

鴻上　教員の間から反発はなかったんですか？

工藤　はじめたばかりの頃は少しはいましたね。当然のことかもしれません。

鴻上　そりゃあそうですよね。長年、そうした習慣のなかで教員をしてきたのでしょうから。

しかし、そうした抵抗を示す先生に向けては、どんな説明をしたんですか？

工藤　宿題を出すのは、要するに評価の材料とするためですよね。宿題をしたかどうか、授業中に手を挙げたかどうかなどが評価の材料となっているんですよ、日本中の学校では。でも、そんなことは本来の学びとは関係ないじゃないですか。まあ、そんな説明をしましたね。

鴻上　たしかにその通りです。でも親だって、宿題廃止には複雑な思いを持つ人がいたでしょうね。

工藤　家のなかで子どもが勉強机に向かっていれば、親はとりあえず安心しますからね。でも、肝心なのは勉強時間よりも勉強の中身です。宿題を押しつけるだけでは自律的に学習する習慣など身につきません。宿題を廃止してもっとも喜んだのは受験を控えた三年生です。

鴻上　負担が減ったことを喜んだのでしょうか。

工藤　いいえ。非効率な作業から解放されて喜んだんですよ。やりたい勉強があるのに、必要のない勉強をやらなければならないのは時間の無駄ですから。

鴻上　受験生だから、自分の時間は自由に使いたいということですか。それはよくわかります。結局、工藤さんは勉強を「やらされる」子どもではなく、自ら学ぼうとする子どもを育てたいということですよね。

工藤　そういうことです。宿題なんて、子どもから自律性を奪うだけですから。

定期テスト廃止でめざすこと

鴻上　麴町中では宿題だけでなく、定期テストもありませんよね。

工藤　ありません。定期テストは廃止しました。一夜漬けの勉強で点数を競い合っても仕方ないでしょう。その代わりに、単元が終わるごとに実施する単元テストがあります。

鴻上　単元ごとのテストですから、出題範囲は限定されますね。学ぶ量は少ないですから、勉強しやすいでしょう。

工藤　テストの実施は五教科だけです。体育、音楽、美術はテストがありません。これらは思いきり楽しめばいいと思っていますので。だって、体育を数字で測ることができますか？　鉄棒や跳び箱をなぜやらなければいけないのか、ちゃんと答えることのできる教員なんていませんよ。そもそも障がいのある子どもに体育で点数をつけることだっておかしい。

鴻上　それで体育が嫌いになる子どもは、ほんとうに多いと思いますね。音楽もテストによって嫌いになる子どもが多いです。まさに本末転倒、教育の意味がないですよね。

工藤　日本は何だかんだ言っても、いまだ学力偏重主義が幅を利かせています。知識習得主義ですよね。いま、欧米はコンピテンシーベース、つまり、その人の学ぶ力や経験を通して身につけた、数字では測ることのできない能力みたいなものに注目しているのですが、日本はまだそこにシフトできていない。

だから麹町中でやったことというのは、子どもがこのような能力を高めていく仕組みをつくること。そのひとつが、定期テストをやめて単元テストにしたことです。

最も重要なしくみは、すべての子どもに再テストを受けるチャンスがあることなんです。単元テストの成績に納得できなければ再チャレンジできるというシステムです。ただし、再テストは一回限りですけどね。

鴻上　再チャレンジできるだけでも珍しいですよね。そんなシステムは聞いたことがありません。

工藤　麹町中では再テストを受ける場合、一度目のテストの点数は無視されます。

鴻上　要するに、なかったことにされるんですか。

工藤　そう。そして再テストの結果が成績に反映されます。定期テストであれば点数に一喜一憂して終わりですが、再テストがあれば、リベンジの可能性もあるのですから、頑張りますよね。再テストを受ける子は、何を間違ったのか、何がわからなかったのか、問題解決のために勉強します。もちろん、わからないものは自分だけで解決できないので、友人や先生に質問する。そういう努力をするわけです。それを教員はずっと見てるんですよ。そして少しばかり働きかけをして、可能な限り、再テストが最初のテストの点数を上回るように支援する。

鴻上　最初のテストから、どれぐらい後に再テストなんですか。

工藤　一週間とか二週間後ですね。なかには八〇点超えてても再テスト受けさせてくださいという子もいます。

鴻上　じゃ、例えば単元テストで五点とか一〇点とかの低い点数であっても、希望しなければ、再テスト受ける必要もないんですか？

工藤　そうです。だから親も何も文句言わないですよ。その子が受けても受けなくても、自分で決定したことだからって。

鴻上　親のなかには、「おまえ、こんな点数だったらもう一回単元テスト受けてこい」と言うひともいるんじゃないですか？

工藤　います、います。いますけれど、親もだんだんわかってきます。やっぱり自律させることが大事だとわかってくるので。

「見えない学力」と「見える学力」

工藤　結局ね、こうしたシステムをつくることによって、学ぶ習慣とか、学習への興味といった「見えない学力」、そしてはっきりと数字に表れる「見える学力」の両方を育てているんですよ。どこの学校でも「見える学力」の結果にこだわるのだけれど、やる気になるための基礎体力のほうが、わかりやすい学力よりも重要なんですよ。それは将来の生き方の問題にもつながっていくから。

ただ、それを口だけで言い続けても誰も信用してくれないから、「見える学力」でも結果を残す。

鴻上　ダブルで戦っているんですね。しんどい作業でしょう。

工藤　しんどいです。でもその方法を見つけていくのが教員の仕事でしょう。

再テストというのも、「見えない学力」をつけることによって、最終的には「見える学力」をつけるためにはどうすればよいのか、さんざん考えたうえで編み出されたシステムなんです。試行錯誤した結果です。

そうやって自分たちで考えていくしかない。明確に、何が必要かということを概念化していくという作業が日本にはないわけですね。コンピテンシーベースの物差しがないから。

鴻上　中間・期末を廃することの凄さを、今回、実感してるんですけど、僕ら日本人がどこで一夜漬けを覚えたかといったら、中間、期末のテスト勉強なんですよね。

工藤　そういうことになります。

鴻上　この刷り込みは強力ですよね。結局、今でも原稿は最後の最後になって徹夜でまとめてやるか、みたいなことになる。日本人の一夜漬け体質を作ったのは、中間・期末テストなんですよね。

工藤　多分そうだと思います。

鴻上　僕がもし子どものころから単元テストという麴町中方式をやってたら、多分、編集者はぎりぎりまで届かない原稿のために苦しむこともなかった（笑）。

工藤　私もまったく同じタイプですけどね。

鴻上　そうですよね。ほとんどの日本人がそうだと思います。ちなみに、単元テスト以外に小テストはあるんですか？

工藤　あります。単元テストの予行演習みたいな位置づけです。ただし、小テストは成績に反映されないことにしました。

鴻上　でも、単元テストを二週間に一回の割合でやるのは、先生にとって結構負担なんじゃないですか。

工藤　問題をつくるのは大丈夫、プロだから。そんなものはストックしておけばいいだけなので。問題をつくる作業なんて、教員にとってはごく普通の作業です。むしろ問題は採点です。

鴻上　中間、期末だったら年五回程度で済むのに、単元テストだったら十何回になるわけですね。

工藤　まあ、採点も最近は採点支援ソフトというものがあって、解答用紙をスキャンするだけで、文字通り採点を手伝ってくれる。かなり楽になりましたよ。

麴町中を卒業した子は、高校で苦労しないのか

鴻上　テストのやり方を含め、麴町中の取り組みはものすごく意義あることだし、僕もほんとうに感動するんですけど、そこで当事者意識や自己決定のプロセスを学んだ子は、高校に進むと、非常にしんどい思いをしませんか。高校に入ってまた、古臭い日本の学校システムに巻き込まれるわけでしょう?

工藤　そんなことないですよ。もういろいろと学んでいるし、ありのままを受け入れることもできる。

高校に入った子どもに会うと、「予想通りでしたよ、先生」とか言いながら楽しそうに報告してくれる。「思ったとおり、もうほんと服装や頭髪ばかり厳しくて面倒くさい学校ですよ」とかね。

鴻上　意外と冷静なんだ。

工藤　だって、それが自分にとって重要じゃないと知ってるから。たかだか三年間我慢すりゃいいんでしょうという問題ですよ。だから、大人がつくった対立軸にいちい

ち乗らないわけです。
我々の世代は大人がつくった対立軸に乗ってしまうことが多かったから、まずは反発しちゃうんですよね。麴町中の子どもたちは、そのあたりの優先順位を理解しているから、ありのままを受け入れる。当然、世の中は矛盾だらけだなと思っています。その状況のなかで、自分をどう鍛えるかというところを考える。

鴻上　いやいや、待ってください。でも、そうすると、ほんとうの意味での教育というものを感じながら育ってきたわけですから、高校でろくでもない校則を押しつける先生がいたら何ていうのかな、尊敬できないというか、悲しくなるでしょう。

工藤　なるでしょうね。

鴻上　尊敬できない先生しかいない高校に、三年間も通うのは不幸ですよね。

工藤　でもそれは初めからちゃんと調べて自分で選んで行くから。で、嫌だったら行かないだけだからという。それだけのことです。

PTAが決める頭髪・服装のルール

鴻上　部活動の話のときにも触れましたが、ここでもう一度、麴町中のＰＴＡについても聞いてみたいと思います。
たとえば服装や頭髪のルールに関しても、麴町中はその権限をＰＴＡに委譲しましたよね。

工藤　ＰＴＡのなかに制服等検討委員会を設けて、そこで話し合ってもらっています。

鴻上　最近は共働きの親も多いし、ＰＴＡ活動を押しつけあったりとか、さまざまな問題もあるように思うのですが。

工藤　問題はありますよ。そもそもＰＴＡなんて要らないだろうと言う人たちも増えてきましたしね。もともと加入自由な任意の社会教育団体だから。
ＰＴＡとは字句通りにＰ（ペアレンツ）とＴ（ティーチャー）のアソシエーション（Ａ）ですけど、教員にとってはもっと悲惨で。何で他人の家の子どものためにＰＴＡに入らなきゃいけないのかと。仕事でもないのに、それも絶対入らなきゃいけないわけです。

鴻上　ええ、そうです。

工藤　しかもＰさんは必ず、ＰとＴは協力してやるんだから何でＴさんが出てこないのかと、少しさぼっただけで文句言ったりするわけですよ。

鴻上　なるほど。

工藤　もともとＰＴＡが生まれたのは、終戦直後にＧＨＱが、政治的な中立というか教育が暴走しないようにその監視を目的につくらせたものなんです。

まあ、いまでは当初の目的すら忘れられ、何のために存在するかもわからずに惰性で運営されているところだって少なくない。当然、ＰＴＡをなくしているところだってありますね。

でも私は、せっかく存在するのであれば、一緒にできることもあるんじゃないかと思っているんです。だからＰＴＡにも学校運営のさまざまな部分を担当してもらったんです。先述した部活動委員会もそうですし、制服等検討委員会もまた、学校からの権限委譲という形式で立ち上げたものです。

鴻上　では、ＰＴＡが服装とか頭髪のルールを決めたら、学校側はそれをそのまま受け入れるというつもりだったんですか。

工藤　そうです、もちろん。

鴻上　ＰＴＡのなかにものすごく声の大きい人がいて、しかも厳しいルールを提案して通っちゃったりしたときは、どうしようと思ってたんですか。

工藤　そうならないに決まってるので。

鴻上　それはどうして？

工藤　少なくとも私がいる以上は、対話の重要性というものを理解してもらえると信じていましたから。さっきも言いましたけれど、多数決というかたちでものごとを決めないからです。ＰＴＡに主体性を持っていただきながら、しかしじゅうぶんに時間をかけて話し合ってもらいます。

むしろ権限を与えられた保護者のほうが戸惑っていましたよ。もう、いろんな意見があるから右往左往している。

鴻上　工藤さんからは何かアドバイスなどするんですか？

工藤　たいへんですよねえ、決めるのむずかしいですよねえ、と言うだけです。

ただ、何かを決めるときに重要なのは、誰ひとり置き去りにしないということです。そのルールだけは守っていただく。つまり、みなで共通の利益、共通の目的、共通の着地点を探してもらうということですね。

ぶつかり合うのは当たり前

鴻上　でも、頭髪や服装のことになると紛糾もするでしょう。

工藤　しましたね。もともと伝統ある学校でしょう。ＯＢには政界や官界、経済界など、さまざまな世界にすぐれた方々がいらっしゃいます。その伝統を愛する人たちからすると、詰め襟の制服に手をつけること自体が問題だったりする。詰め襟、黒の革靴、そして肩掛けカバンというスタイルを懐かしがっている人もいるわけです。そういう人たちが議会のメンバーでもあったりするんです。麴町中出身の議員さんもとても多いんですよ。それで、そうした議員に「伝統が壊されそうだ」と訴える方々だっている。

鴻上　名門中学ならではのことですね。

工藤　でも、そこを乗り切ることができたのは、やはり対話があったおかげなんです。みんなで対話して、誰ひとり取り残さないルールを守り切る。

　私はこうも言いました。

「過去の伝統じゃなくて、これからの子どもたちのためにどうするかが僕らの責任じゃないですか。伝統は守るものじゃなくて、つくるものだと思いますよ」

そんな話をすると、だんだん大きな声が消えていきますよ。

鴻上　ただ、ＰＴＡって毎年役員が替わるものでしょう。そう毎回毎回、理解ある人ばかりが役員になるわけじゃないですよね。一度決めたことが、翌年にはひっくり返されそうになったりと、そんなこともあるんじゃないですか？

工藤　ありますよ。制服等検討委員会なんか、まさにそうでした。一年かけてようやく詰め襟やめてブレザーにして、まあ、あとは自由でいいんじゃない、みたいなところまで持ってきたのに、年が替わったら、そこに意見を言いたい人がどっと入ってきたり。麴町中の保護者の方々というのは、社会的にも地位が高い人たちが結構いて、もともと発言をすることに慣れている。雄弁、饒舌な人も多い。そりゃあ、ときには激しい議論、いや、ののしり合いとなることだって珍しくはありません。

鴻上　でも考えてみれば、自分たちで決めることができるのだから、議論が熱くなるのも無理ないですよね。それもまた、工藤さんのおっしゃる「自律」のひとつ。

工藤　はい。でも多数決だけで決めないでね、ということは絶対に理解してもらう。

これを守れるかどうかは、すごく大事なんです。あとは、もしもトラブルが起きても、けっして押さえつけたりしないで、「そりゃあトラブルもあるよね」と言えばいい。もめることは前提で、しかし、力で押し切らない。誰も置いていかない。これらは対話するうえで重要なことですから。そうすれば自ずと道は開けます。

鴻上　演劇界でも尊敬できる演出家というのは、各自が真剣になれば、ぶつかったり、もめたりすることは当たり前だと思っているんです。デザイナーの衣装プランと女優さんの希望が違えば話せばいいこと、と対話の重要性をわかっているんです。

それにしても、工藤さんはやっぱり、飛びぬけているというか……。

工藤　いや、私だって失敗を積み重ねてきましたよ。後悔したことは何度もある。わざわざ感情的な対立を自分がつくっちゃったこともある。そのうちにわかってくるんです。誰も否定することなく、物事を動かすコツみたいなものを。そうなると言い方も変わってくるんですよ。「僕の気持ちとしては、おっしゃるとおりで、そっちへ進みたいの。でも、これをやったら角が立つから、今の段階ではこっちを進めたほうが僕はいいと思うんだよね」とかね。何度も修羅場を通ってきた経験があるからこそ言えるのですけど。

スーパー教員がもたらした学級崩壊

鴻上　麴町中の取り組みとしてもうひとつ、よく知られたものに、固定担任制の廃止、つまり全員担任制というものがありますね。

工藤　外形上はチーム医療と同じかもしれません。教員にもさまざまなタイプの人がいます。生徒とすぐに親しくなることのできる教員、保護者対応の優れた教員、授業が格段に上手な教員、ＩＴに長けた教員など、それぞれに得意分野があるんですね。そうした個性を生かし合いながら、チームとして学年全体を運営していくのが全員担任制。麴町中では、それぞれの学年に配置された教員全体で、すべてのクラスを運営しています。

鴻上　固定担任制だと、やはり弊害があるんですかね。

工藤　クラスをひとりの担任に委ねてしまうと、クラスの良し悪しが、担任の個性で決まってしまうことにもなりますよね。しかもクラス単位で競争することにもなり、勝ち組と負け組に分かれてしまうこともあります。子どもたちの自己肯定感を高めたいと思っているのに、格差なんかつけたら意味ないですよ。

鴻上　なるほど、クラスごとに担任の力量で生徒もいっしょに張り合うなんてバカバカしいですよね。

工藤　麹町中で全員担任制を取り入れたのは、学級崩壊が相次いだことがきっかけでした。

鴻上　麹町中でもそんなことがあったんですか。

工藤　深刻でしたね。私が赴任したばかりのころです。若い先生などは、うまくトラブルの対処ができなかったりすると、生徒に馬鹿にされるんですよ。「あいつ、使えねえな」とかって。そして学級崩壊していく。

ある年、めちゃくちゃひどい学級崩壊があったんですね。そのころはまだ固定担任制で、先生同士も張り合っていた。ベテランの教員は若手の教員に、あれがだめ、これがだめとしつこく言ったりしていたわけですよ。

で、一年生四クラスのうち、三クラスがほぼ学級崩壊した。学級崩壊しなかった一クラスの教員は、いわゆるスーパー教員なんです。非常に優れている。子どもたちも、保護者も、この教員のことをすごく尊敬していました。ほんとうに優秀なんです。じつは、この構図がダメなんですよ。スーパー教員がいるから、三クラスが崩壊してしまった。

鴻上　突出して優秀な教員がいることが、学級崩壊した原因だったと。

工藤　そうです。この教員がもしも優秀でなかったら、たぶん他の三クラスすべてが学級崩壊することはなかったと思います。私はこの教員に言いました。

「あなたがよかれと思って一生懸命やってきたのはわかるけれど、これが現実なんだよね」

つまり、教員の間に対立軸をつくってしまったわけです。そして互いに張り合うことで、むしろそれぞれのクラスの生徒は窮屈な思いをするようになる。比較して不幸になっていく。優秀なスーパー教員のせいで、ほかの教員のダメさがめだってしまうんです。いや、みんな普通の教員なんです。ただ、ひとりのスーパー教員のおかげで、相対的に実際以上にダメにみられてしまう。人間関係の悪化も招き、子どもとの関係が崩れていく。

鴻上　なるほど、そういうことですか。

工藤　だからこのタイミングで全員担任制にするしかなかったんです。人間関係を一度ガラガラポンして、対立軸をなくさないといけない。そうしなければ、子どもたちのリハビリも遅れてしまう。全員担任制にしたら、その後、約半年で学級崩壊を修復することができました。

教員全員が声をかける

鴻上　もともと全員担任制をやりたかったんですか？

工藤　したかったけれど、なかなかきっかけを見つけることができなかったんです。最初、一クラスを二人の教員で担当する複数担任制をやってみました。でも、二人にしても結局、競争原理が働くんですね。だから複数担任制もだめだということがわかったんです。それが、学級崩壊という事件のおかげで、全員担任制に踏み切ることができたんです。

鴻上　固定担任制の問題は、やはり競争意識なんですかね。

工藤　自分のクラス以外の子どもになかなか目がいかないこと、つまり、遠慮が働いてしまうことにもなります。校長としても、なにか問題ある子がいれば、担任に依存してしまう。ほんとうは、どう考えてもこの子を救うためにはこの先生が出たほうがいいのに、なんてことを思っても、結局は担任の先生に任せてしまうことにもなります。
当然、固定担任制の廃止は批判があると思ったから、「医療の世界と同じだよ」と半分、方便のような説明で説得しました。

鴻上　えっ、チーム医療をモデルとしたんじゃないんですか？

工藤　いいえ。ほんとうはそんなの後付けです。もともと漠然とぼくの頭のなかで考えていたことですから。あと、ヒントとなったのは、先ほどもお話しした木村泰子さん、大阪の大空小学校の校長です。その木村さんが全員担任制を実施していた。小学校でできるのであれば、中学校でもできるだろうと。

鴻上　全員担任制の導入で、学級崩壊を収める以外に、何が変わりましたか？

工藤　いわゆる「学級王国」と呼ばれる独善的なクラス運営がなくなります。強圧的な指導で、子どもたちを支配するようなことも減りました。クラス運営が透明化されるんです。子どもたちにしてもほかのクラスとの競争意識がなくなりますから、心に余裕ができる。ほら、子どもって比較されると自己肯定感が低くなるじゃないですか。そうしたこともなくなるわけです。そして何より変わったのは、子どもたちが人のせい、担任のせいにしなくなったことです。当事者意識がめばえたことです。

鴻上　それは大きな成果ですね。

工藤　保護者との関係も変わってきます。保護者のなかには、弱そうな担任にやたらクレームつける人もいるんです。全員担任制だと、そういうわけにはいかない。

あとは教員同士の連携さえうまくいけばいいんです。麹町中には、やたらあちこちにホワイトボードが置いてあるのですが、そこに引き継ぎ事項を書き込む。なにか子どもに問題があったら、教員にしかわからないような暗号で、問題を共有するんです。

たとえば、親子関係がうまくいかなくて家庭のなかでもひとりぼっちな子がいる。友だちも少ない。そうした子がいたら、よし、全員で声をかけようということになる。一日のなかでその子に必ず全教員が、八人いたら八人の教員が必ず授業中声をかけたりとか、休み時間にふらっと行って「よっ」と声をかけるとか、そんなことを続けるのです。

鴻上　その子にしたら、うれしいでしょうね。声をかけてくれる、気にかけてくれる大人がたくさんいるんですから。

工藤　そうなんです。一週間で変わりましたよ、その子。固定担任制だったら、こんなことできなかった。
さらに言えば、教員同士のコミュニケーションも劇的によくなりました。

人は変わる

鴻上　ちなみに工藤さんは若いころ、やはりいまのようなチーム型の教育って考えていましたか。

工藤　当初はまったく考えていませんでしたね。私もまた、スーパーマンをめざしていましたから。

鴻上　スーパーマンですか。

工藤　パーフェクトな、もう可能なかぎり最高の教員をめざしたいという気持ちがありました。もちろんそのために勉強はしたし、努力もしたし、いま、役に立っていることも少なくありません。ただ、ほかの優れた先生を見ているうちに、この人と張り合って、たとえ勝ったとしても、それが何だというのだろう、という気持ちにもなってきたんです。

担任制のあり方は、山形で教員をはじめた頃、三〜四年目の頃には考えるようになりましたね。

鴻上 そうですか、工藤さんも変わっていったんですね、経験を積むなかで。

工藤 きっかけがあれば、変わりますよ。誰だって変わることができるし、変わらなくちゃいけないときもある。

鴻上 工藤さんと接するなかで、大きく変わった先生もいますか？

工藤 たとえば、私が麴町中に来たばかりのころ、ものすごく校則やルールに細かく厳しい教員がいたんです。いつも服装・頭髪指導をばんばんやってた。時にはあまりに厳しすぎて保護者から私に訴えがあるほどだったのですが、信念があり、絶対に譲らないってタイプの人でした。その教員もいまでは真逆に変わりました。

鴻上 なにか変わるきっかけがあったんですか。

工藤 もともと優秀な教員だったんです。さまざまな経験を積んで、苦労もされて。自分のやり方にもこだわっていたのでしょう。だから、私が学校を変えていこうとした時も、納得できないことは、はっきりと言ってくれました。

後に聞いた話ですが、この先生、新人時代は授業が成立しなくてぼろぼろになっていたそうです。若い女性の先生。さぞかし、苦労されたことでしょう。からかわれ、馬鹿にされ、泣いたこともあるそうです。だからこそ、強くなろうと頑張ったのでしょうね。虚勢を張り、言葉遣いを変え、時には力で生徒を押さえつけることで、弱い自分を克服したんです。そして自信をつけていく。子どもを統制することを自分のスタイルにした。

あるときね、その先生にこう言ったんです。

「僕らの仕事はね、時には自己否定することなんです」

いままで正しいと思ってしてきたことも、もしかしたら間違っているかもしれない。そもそも、それがほんとうに子どもたちのためになっているのか。自律した子どもを育てることに役立っているのか。常に考え続けることが大事だし、自分自身を否定してみることも重要だと伝えたんですね。

きっと苦しかったと思うんですよ、これまでのやり方を変えるのは。自分が長年よかれと思って続けてきたことを、一からやり直すのは。でも、その先生、一生懸命に考えたんだと思います。

私の言葉を受けて、最重要目標は何なのか、何のために教員をやっているのか、そういうことを意識してくれるようになったんです。

子どもたちに自治させることの意味も誰よりもわかってくれたんです。そしたら、この教員が最初に、私服登校期間とかつくってみたらって、提言してくれたんです。

鴻上　おお、それはすごい変化ですね。その女性の先生は素晴らしいです。苦しい自己否定から逃げなかったんですね。

工藤　人は変わる。変わる可能性を持っている。それは子どもも教員も同じなんですよね。だからこそ希望を持つこともできるんです。

第三章　同質性への違和感

日本独特の「みんな同じ」

鴻上　「COOL JAPAN」で日本の幼稚園を特集したことがありました。取材したのは、ある有名な私立幼稚園。特徴的なのは食事の時間です。園児の代表二人が前に立っていて、「いただきます」と言ったら五〇人全員がそれに続いて大声で「いただきます」と唱和する。これを幼稚園の先生方は胸を張って「よくできた子たちでしょう」と自慢するわけです。でも、スタジオの外国人たちはどん引きでした。これは軍隊だと。みんなため息ついていました。

日本独特の同質性。みんなが同じことをすることをよしとする感覚。とてもこわいです。もしかしたら日本中、あちらこちらにこうした風景があるかもしれないですが、「みんな同じ」を肯定する日本人の心根みたいなものに、僕はどうも、ついていけないんですよね。

工藤　わかります。でも、それはいま、ますます悪化していると思いますね。

私は山形で教員生活をスタートさせたのですが、そのころ、給食の時間は特に規則もなく、それぞれが自由に食べていました。前を向いて食べていようが、窓の外を眺めながら食べようが、グループになって食べようが自由。ちなみに私が子どものころも給食は一人一人ばらばらで食べていましたから、給食をみんなで食べようなんていう感覚はもちろんなかったんですね。

ところが、次に東京で教員になったら、給食の風景がまるで違う。班ごとに食べるといった規則があって、少しも自由じゃない。好きな人と好きな場所で食べるなんてことができないわけです。「ああ、俺だったら絶対嫌だ、こんなの」と思いましたね。

鴻上　あれは教師が楽だからですかね。

工藤　いや、教員の発想として必ず出てくるのが、ひとりぼっちで食べている子がいたら寂しいじゃないかと。悪平等の考え方。でもねえ、ひとりで食べたい子もいるはずです。

鴻上　ほんとうにそう思います。じゃあ、おとなたちも毎回、社員食堂で班ごとにメシ食わないといけなくなります。

工藤　でも、あのような文化、定着しやすい。それが当たり前のようになって、変更するのが難しくなる。というか、変更しようと思う人がなかなか出てこない。

鴻上　給食という空間が、そのまま「世間」を強化することになりますね。
工藤　そうなんですよ。
鴻上　海外からの帰国生徒が一番驚くのは、グループ学習というか班体制の、一人の責任が全員の責任になるという考え方ですね。まったく理解できないと多くの帰国生徒は困惑します。これは僕がよく言う「世間」の考え方ですね。みんながひとつにまとまることが目的であり、個人ではなく集団が基本だと考えるんですね。
工藤　集団責任。あれはもう僕は子どものころから嫌でしたね。教員に対してまったく意味がわからないと抗議したくらいです。何で集団責任だと。外国人や海外からの帰国者が理解できないのも当然ですよ。私だって意味がわからない。こんなこと、なぜ必要なのかきちんと説明できる人っているのかなあ。結局、自分で意味もわからずに、押しつけているだけでしょうね。いや、ほんと、子どものころからこればかりは、ずっとあきれていました。

山形での教員時代

鴻上　工藤さんは山形生まれですよね。

工藤　そうです。大学時代は東京で過ごしましたが、教員を始めたのは山形です。

鴻上　いまの工藤さんをつくったのも、山形ってことですか。

工藤　教員としての私を形づくったのは、間違いなく山形ですね。経営論も組織論も、ほとんどは山形で学びました。

具体的には、教員二年目からいろいろと考えるようになった。そのころ、周りの先輩の先生たちってほんとうに心の温かい先生ばかりでした。でもね、殴るんですよ。すぐに体罰をする。簡単に生徒を殴る。殴るんだけど、いい先生がほんとうにいっぱいいたんです。いまでも私は付き合いがありますよ。信頼していましたから。子どもたちのことを心の底から心配しているし、自分の時間をすべて子どもたちに捧げるみたいな教員が、地方ということもあるのかもしれませんが、たくさんいたんです。

でも、服装や頭髪なんかにはものすごく厳しい。私はそのころから厳しすぎる校則に疑問を持っていましたが、大学出たばかりの若手教員が下手に口出したら、学校の秩序が崩れちゃうんじゃないかという感覚はあったんです。

鴻上　この規則がだめだと言ってしまうと、学校がもめると考えたんですか。

工藤　そう。先生たちはみんな厳しく指導するわけですよ。スカートの長さとか、髪型とか、めちゃくちゃ厳しい。私が戸惑っていると、工藤さんもちゃんと厳しく指導しなきゃいけないとかね、そんなことを言われてしまう。そこでカチンとくる自分もいたんですけどね。だから酒飲んでるときなんかに「おかしくないですか?」と伝えることはありました。

鴻上　ああ、ちゃんと伝えてはいたわけですね。

工藤　はい、先生たちには言いました。ただ、それを子どもたちには伝えなかった。それはこの対談のなかで何度か言いましたけれど、僕とほかの先生との対立軸を子どもに与えてしまうことになるから。

校則のことだって、いつか変えなくちゃいけないことは私も理解していました。ただ、子どもにわざわざ問題を持ち込んで、ほかの先生たちが敵として設定されてしまう、なんてことはしたくなかった。

鴻上　その考え方、山形時代からなんですね。

工藤　そうなんです。私なりに考えた結果です。

「自分だけいい人間みたいだ」

工藤　教員一年目のとき、私の教員生活にとってとても重要なことが起きるんです。私は一年生のクラスを担当していました。教壇に立ったばかりの頃は、半分大学生気分だったのかもしれませんが、自分の感性に任せてある意味自由にやっていたのですが、教員の仕事を一つ一つ覚えていくなかで良い意味でも悪い意味でも次第に教師らしくなっていくんですね。教師としてどうしたいかという自らの意志よりも教師としてどうすべきかということで頭がいっぱいになっていくんですね。

あるときね、子どもが私にこう言ったんですよ。

「先生、自分だけいい人間みたいだ」

鴻上　「自分だけいい人間」？

工藤　最初はみんな僕になついてくれたんです。しかし、私がだんだんと「教員面《づら》」を見せるようになったんでしょうね。先輩の教員からも「工藤さんのクラス落ちつかないから、こうして、ああして」みたいなことを言われて、プレッシャーも感じ、朝から子どもを叱りつけるようなことをしていました。そのうちね、だんだんと子どもが私から離れていくような雰囲気を感じたんです。なんだろう、これ。なんでみんな離れていくんだろう。

そんな気持ちで、子どもたちに聞いてみたんです。「きみら、最近ちょっとおかしいよな」って。すると、「だって先生いつも怒ってばかりいる」と返ってきました。さらにこう続けたんです。

「自分だけがいい人間みたいだよ」

鴻上　そうか、そういう流れですか。

小さな社会をつくる醍醐味

工藤　その一言で、私は初心に返ることができたんです。いつのまにか自分の目で子どもたちを見ていくことよりも、周囲の先生たちの評価を優先していた自分に気づいたんです。子どもたちに悪いことしたなあって。やっぱり私自身の感性を大事にしようと自分自身に誓いました。そして、やり直しをはじめたんです。そして教員としての二年目を迎えました。新たな生徒たちを前に今度こそ後悔のないよう教師生活を送ろうと決めました。私はこの学級を、世の中として考えよう、社会として認めようと思ったんです。この社会はきみたちのものだから、君たちにあげる。きみたちと一緒に社会をつくっていこう。そんな思いで、私は教員生活を再スタートさせるんです。

鴻上　二年目のやり直し、ってことですね。

工藤　それから子どもたちに自治をさせたんです。ゼロベースのところから社会をつくっていく。「組織ってどうする？　どんな組織つくる？　どんな運営する？　どんなルール決める？」。自分自身にも問いかけながら、学級を、いや、小さな社会をつくっていく。

これがおもしろくて。ああ、これこそ教員の仕事なんだと思いました。

そのうち学級づくりを、学年づくりに拡大して、私は生徒会の担当にもなったので、学校全体を「つくる」ことにもかかわるようになったんです。そう、生徒による学校自治をめざしたんです。自分が中高校生の頃は生徒会なんかに関係したこともありませんから、何の知識もない。それが良かったんでしょうね、先入観なく、ゼロからスタートできた。

鴻上　生徒会による自治って、例えばどういうことをしたんですか。

工藤　難しいことではありません。権限を与えて、どのような学内活動も、その内容を生徒自身に決めさせたということです。だいたい、どこの学校でも生徒会なんて名ばかりで、実際は教員の指導で成り立っているだけじゃないですか。

鴻上　そうです。教師の操り人形になっている生徒会は多いです。

工藤　何をすべきか、何を提供すべきか、全部、自分たちで決めろと。ただし、何かを決めるときには必ず、同じ生徒たちからの承認を得るようにも伝えました。

そうやって、クラスや学校のありかたは生徒が決める。完璧な自治ではなかったけれど、少なくとも私は「生徒に任せる」という基本動作をそこで学んだし、生徒の多くもはじめて自治の醍醐味に触れたと思うんです。

ただ一人組合には入らなかった

鴻上　それは大事なことですよね。それでね、先ほどの話に戻るんですが、工藤さんは、厳しい生活指導に関しては疑問に感じて、ほかの先生にそのことを伝えていたんですよね？

工藤　はい。こんな指導はしたくないと。

鴻上　言われた側の教員はなんて答えていましたか？

工藤　よく覚えていないけれど、当然ながら「指導はだいじなことだから」みたいなことは言ってきますよね、普通は。でも私は納得できないですよ、という話はしてたと思います。もちろん私が望んでいるような回答は得られない。だから、そこにこだわり過ぎて、時間を浪費することは避けようと思いました。

ただ、体罰に関してはひかなかった。私ははっきりと「私は親からも先生からもよく殴られた。でもただの一度も感謝したことはない。だから私は殴りません。殴らなくても厳しさは伝えられます」と言ったんです。そのことは理解してもらえました。

それから、私だけ組合に入らなかった。

鴻上　それは、その当時としてはすごいことじゃないですか？

工藤　当時の山形は組織率がほぼ一〇〇%。でも私はただ一人、入りませんでした。

鴻上　それはなぜですか？

工藤　当時の組合はとにかく政治色が強かった。組織のなかで、自分の考えでもない、借り物の言葉を口にするのがどうしてもできなかったからです。高校生、大学生の時に、そんな経験をかじったということもあるのですが、自分が考えたわけでもない言葉を使うことは、信念として許せなかったんです。でも、それで先生たちに疎まれたりすることはありませんでしたね。

鴻上　いじめられなかったんですか。

工藤　はい、そんなことはありませんでした。

鴻上　先ほども少し触れましたが、僕の両親は小学校の教師で、日教組の組合員でした。僕が育った愛媛県はやっぱり組織率が一〇〇％に近かったんですけど、勤評闘争（勤務評定をめぐる闘争）や学テ反対闘争（全国一斉学力テストに反対する闘争）の結果、昭和三三（一九五八）年から一〇年ほどで、一桁の組織率に落ちたんですよ。

工藤　へえ、そうなんですか。

鴻上　もう、ほとんどの教員が組合をやめたんです。事情を知ったのは、中学生の頃でしたが、いろんなことを思いました。ひとつは「なんだかなあ」という気持ちです。大多数の教師は信念とか信条で所属してたんじゃなくて、大多数だから所属して、少数派になったからやめたのかと。つまりは、日教組側の多数派から文部省（当時）側の多数派にただ移動しただけなのかなあと。

　もちろん今では想像もつかない、文部省と日教組の激しい闘いがあったからだとは思います。僕が生まれた年に、両親はいきなり、自宅から電車で三〇分、そこからバスで一時間、さらにバス停から徒歩三〇分という四国山脈の山奥の小学校に赴任するように通達を受けました。組合をやめないことへの「懲罰人事」とか「報復人事」などと言われたようです。日中、教師をしながら赤ん坊の面倒は見られないので、僕は祖父母の家に数年間預けられました。「人事」と「給与」と「出世」をコントロールされた結果、いきなり一桁の組織率になったわけです。僕は日教組に対して、賛成でも反対でもなく、中立的な立場だと思っています。「日教組が学校を荒らし、子どもたちを非行に走らせた」という言い方がされる時がありますが、組織率が一〇〇％に近くても、一桁でも、非行率や少年犯罪率は変わらないなあと、高校生だった僕は、愛媛県と他の県のデータを比べたりしてました。そうしたなか、工藤さんとは逆に、僕の父親は学校のなかで唯一残った日教組のメンバーでした。

工藤　結局、私はどんなに誘われても入りませんでしたね。自分の信念でもない言葉は話したくありませんと。

鴻上　そういう考え方が、今の工藤さんの教育観につながるんですね。
工藤　まあ、そうですかね。

鋭い指示を出すのが、いい演出家ではない

鴻上　なぜそんなに信念を持てたんですか。強いから？　いえ、じつは僕は、強くないとだめという結論はすごく嫌なんです。
たとえば、どうしたらいい演出家になれるんですか、と聞かれる機会もあるんですが、こうした質問する人は、誰よりも賢くて鋭い指示を出せるのが演出家だと思っているんですね。でも、違うと思うんです。行き詰まった時とか悩んだ時に、「どうしたらよいと思う？」と俳優やスタッフに自然にフランクに聞くことができるのが、いい演出家なんだと思うんです。
工藤　めちゃくちゃよくわかります、その話、はい。
鴻上　聞かれた俳優はびっくりすることが多いです。「僕に聞くんですか」みたいな。「だってあなたがこの役やってるんだから、この役の気持ちはあなたが一番わかってる

でしょう。あなたはこのときにどういう気持ちになってます?」みたいなことを聞きます。

立て板に水で指示を出すのがいい演出家みたいに思われることが多いですけど、やっぱり俳優に任せるべきところは任せることのできる演出家こそが、「いい演出家」なんだと思います。

たぶん、工藤さんも同じようなことを考えてきたんだと思うんですが、僕は演出家一年生、二年生のときには気づかなかった。それを工藤さんは新人のときから理解していたのがすごいと思います。

工藤　私もよく聞かれるんです。いろいろと逆風もあったでしょう、と。反対意見や圧力もあってたいへんだったでしょうと。だいたい、この質問をすることじたいが同質性の表れだなと思うんですよ。

鴻上　というと?

工藤　人は本来、考えが違って意見をぶつけたりするのは当たり前じゃないですか。みんなそれが理想だと言いながら、どこかで逃げている。

鴻上　ああ、確かに。

工藤　だからその現実を受けとめることができないから、異なる意見がぶつけられることを「逆風」とか言ってしまうんですよ。別に逆風でも何でもない。考え方の違いなんて、当たり前じゃないですか。そこから合意をめざすことは確かに簡単ではないけれど、慣れればそう難しいことでもない。

私が組合に入らなかったときも、ある意味、組合員の先生たちを尊敬していたので、それだけにその先生たちを納得させるだけの言葉を探していたんです。組合に喧嘩を売ったわけではないし、むしろ、組合加入を勧められたときは「うれしいですよ」と答えているんです。誘ってもらえてうれしいと。しかし、私には私の考え方があるのだと、きちんと説明する。

体罰を拒否した時も、ちゃんと言葉で示しました。

鴻上　自分の言葉を持つことがとても大事ですね。流されないためにも、無駄な衝突を避けるためにも。

五分前行動のくだらなさ

鴻上　工藤さんの教員人生について話を戻したいと思います。なぜ、東京で教員をするようになったんですか？

工藤　妻が東京出身で、妻の父親が亡くなったことがきっかけです。山形での教員生活はものすごく楽しかったのですが、とりあえず東京都の採用試験を受けたらすぐに通ってしまったんですね。

鴻上　そうしたら東京はとんでもないところだったと。

工藤　ひどかった（笑）。ひどいというより、くだらなかった。五分前行動とかね。

鴻上　五分前行動？

工藤　とにかくすべての活動において五分前には完了しろ、ってやつです。それを先生たちがチェックするんですから。五分前に登校しないと遅刻とかね。ほんと、くだらないと思った。そんな感じだから、山形と違って教員と生徒の距離はすごく離れていますしね。

ついでに言えば、教員という仕事が保護者からも馬鹿にされていましたね。東京に来たのは平成元（一九八九）年。バブルの終わりごろですかね。教員であることで何か後ろめたい気持ちになりました。

山形ではそんなことは感じなかったけれど、東京の保護者が教員を見下している感じは、すごくよく伝わってきましたね。当時、その中学校も越境（他区からの通学）生徒の多い、いわゆる名門と呼ばれる中学校でしたが、実際、親の学歴も高いし、経済的にも豊かな方が多かったですね。

鴻上　そんなエリート中学校でも、くだらないルールがたくさんあったわけですか。

工藤　いっぱいありました。それはどんな中学でも変わらない。公立であれば。

ほかにもいろいろとくだらないルールがあったのですが、たとえば教員がよってたかって、生徒ひとりを攻撃したりする習慣もあったんです。

鴻上　なんですか、それ？

工藤　何か問題を起こした子がいると、その学年の教員がみんなでその生徒に、徹底して反省しろと迫るんです。

鴻上　みんなでやらないといけないんですか？

工藤　そうです。なぜか、そういうルール。一人一人が順番に、生徒に向かってぐちぐち言うんですよ。私は一番若手だったので、最後に順番が回ってくる。生徒のことを考えるとあまりにも苦しくて、気持ち悪くなっていました。

こんなところで教員やらなくちゃいけないのかと、絶望に近い気持ちでした。山形にもたしかに体罰はありましたが、確実に、子どもへの愛情はあった。情熱もありました。しかし東京は……、ただの恐怖政治にしか見えませんでした。

鴻上 工藤さんは、みんなで順番に叱りつけるとき、どうしたんですか？

工藤 「けっこうです。もうありません」。そう答えるだけです。だから、こうした風土は絶対に変えてやると思いました。

しつこいくらいに生徒とつきあう

鴻上 最悪ですね、その状況。じゃあ、信頼できる先生はいなかったですか？

工藤 じつは面白い出会いはありました。

鴻上 どんな出会いですか？

工藤 よく殴る先生がいたんですよ。

鴻上 工藤さんがもっとも嫌うタイプですね。

工藤 そう。ただその先生、仮にA先生としておきますが、生徒をぶん殴るんだけど、どこか山形の先生たちと似ていたんです。情も熱もある感じが。なんか、懐かしい感じもしたんですね。殴るのはもちろん嫌いだけど（笑）。

鴻上　そこは絶対に譲らないですね。

工藤　なぜかAさんとはウマがあったんです。不思議なことにね。だから面と向かって「もう殴るな」みたいなことも言えました。七つ上の先輩でしたが、そういうことは言えた。

よく一緒に生徒指導のパトロールもしましたね。学校の近くに大きな公園があったのですが、そこでタバコ吸ってる生徒とかいるわけです。私が放課後にひとりで自転車に乗ってパトロールすると、たいがい、いるんですよ、Aさんが。この人はいつも自転車で熱心にパトロールしているわけです。単独で行動するこの人の姿勢をみて、だんだん信頼するようになりました。

鴻上　ちなみにタバコ吸ってる生徒を見つけたら、工藤さんはどうするんですか。

工藤　タバコはダメだってことは言いますよね、当然。法律でも禁止されてるんだから、これは服装頭髪違反とはちょっとレベルが違う。これを学校でやられたら、たまったもんじゃない。そこはきちんと指導しました。

学校側はそういう子を排除したがるわけですよ。「学校に来るな」と言うわけです。それもまた、私は嫌だった。排除したらダメです。

鴻上 そのAさんはどうだったんでしょう。

工藤 Aさんは殴るし、めちゃくちゃ厳しいんだけど、生徒を排除するようなことはしなかったんです。昔風の人なんですよ。悪い子を見つけては、自分が指導する陸上部に入れちゃうんです。そこでしっかりと優秀な選手に仕立てたりする。ある意味、粘着質。見捨てることなく、しつこいくらいに生徒とつきあう。まさに山形の熱血先生たちと同じです。

鴻上 工藤さんはそういうタイプじゃないですよね。

工藤 真逆ですよ。

鴻上 でも粘着するのは同じ?

工藤 粘着するのは同じ。

鴻上 そこは同じなんだ。でも、粘着するのはすごくしんどくないですか。

工藤 それが教員の仕事だと思っていますから。

鴻上 でも、命令されたわけでもないのに、公園を自転車でパトロールしたりするわけでしょう。たいへんじゃないですか。

工藤　別に子どもたちを裁こうと思ってるわけじゃないですけどね。

密接な関係をつくらないと、人間を理解できない

鴻上　僕は劇団を三〇年ぐらいやってます。誤解されることが多いんですが、僕の劇団って、平均八人前後の俳優しか所属していないんですよ。一番多かったときでも一〇人です。劇団って五〇人とか一〇〇人とかいたりするところが多いんだけど、そうすると演出家の目が届かず、ぽろぽろとこぼれる俳優が出てくる。僕はそれを見るのが嫌でしょうがなくて、だから小規模にしているんです。でも、そのくらいの人数だと、ほんとうに関係が濃くなるわけです。濃密な関係ってめんどくさいし、僕も嫌なんだけど、でも、ほんとうに人間を理解するためには、必要なことだと思うんです。

工藤　生徒との関係もそうなんですよね。密接な関係をつくらないと、わからないこともある。教員って、子どもたちの人生をある意味左右してしまう、とんでもない仕事だとも思うんです。怖いですよ。だから必死です。子どもの人生を狂わせてはいけ

ないと考えているから。粘着もしますよ。

逆に言えば、私を必要としている子どももいる、そう考えると、やはり社会を変えていくのが教育なんだという気持ちになるんです。

子どもたちで旅行を企画

鴻上　ちなみにAさんはその後、変わるんですか？
工藤　変わりました、大きく変わりましたよ、Aさん、殴らなくなりましたから。
鴻上　ああ、それは素晴らしい。
工藤　はい。殴らなくても人は動くということ、生徒は自治ができるのだということ、それを理解してくれたんですね。もちろん私自身もこのことをさらに深く理解しました。
Aさんはもともと、統制を重視し、子どもを徹底的に鍛えて、軍隊のように訓練して、従順な子どもたちを育てていくという手法でした。
私は子どもたちに考えさせて、自治をさせて、何度でも失敗させる。でもその失敗を通して何が大切であるのか、学んでもらう。まるで真逆でした。

Aさんは、その後学年主任になるのですが、あるとき、彼は「もう殴らないことにするよ、工藤さん」と言ってくれたんです。しかも「子どもに自治を任せよう」と。うれしかったですね。もちろん彼にしたらはじめての経験だったのかもしれません。腕力を封じて自治を認めたわけです。失敗もありましたよ。でも経験を重ねることで彼も私もどんどん成長していきました。

Aさんといっしょに同じ学年を受け持つようになって三年目、修学旅行で、子どもたちが旅行会社などと調整をしながら、自分たちの力で旅行を企画したんです。添乗員としての務めも自分たちで果たして。教員はほとんど口をはさみませんでした。ひじょうにうまくいきました。子どもたちは自由を満喫できる旅行をすることができたんです。

Aさんは、これにすごく感激したんですね。力で従わせなくても、子どもはちゃんとやり遂げるってこと、そして自治の意味を確信しました。

服装なんてどうでもいい

鴻上　工藤さんは、いわゆる教育困難校にもいたんですよね。

工藤　ええ、すごく荒れた学校。

鴻上　ガラスが割れてたりするんですか？

工藤　廊下側のガラスはほぼすべて割れてました。廊下は毎日掃除しているのにジュースとガムでベトベト、あちこちに火のついたタバコの吸い殻が落ちているような。

鴻上　すごい（笑）。

工藤　暴力事件はしょっちゅう。教員もひどかったけど。職員室までゴミ溜めのように汚れているし。

鴻上　工藤さんは学校の立て直しのために送り込まれたという側面もあったんですか？

工藤　よくわかりませんが、そうした意味もあったのかもしれません。校長に会ったら、「きみに任せた」みたいなことを言われましたから。だから私は赴任初日に学年の教員たちに要求したんです。「生活指導の権限を全部ください」って。叱るときの優先順位などを紙に記して教員に配布しました。

　それから学年集会でも、子どもに向けて発言させてもらいました。

鴻上　何を話したのですか。

工藤　服装なんてどうでもいい。金髪にしたかったらしてもいいぞと。

鴻上　すごいこと言いますね（笑）。そしてあらためて思いますが、優先順位のリストは何度聞いても新鮮で、納得しますね。

タトリングとテリング

鴻上　米国でポピュラーな教育方法に、「タトリング（tattling）」と「テリング（telling）」を区別するというのがあるんです。「タトリング」というのは「告げ口」のこと。「テリング」は「情報」です。たとえば、クラスメイトが教科書に落書きしているのを先生に言うのは「タトリング」か「テリング」かと、子どもたちに聞くんです。一般的には「タトリング」、つまり「告げ口」だと思われています。アメリカは教科書は買い取りじゃなくて貸与なのに、です。「告げ口」だとすると、生徒は、周りの目があるので先生には何も言いません。つまり、教科書の落書きは、言わなくてもよいことになるんです。でも、クラスメイトのカバンのなかに、ナイフが入っているのを見つけて先生に言うのは、「テリング」、つまり先生に言うべき必要な情報だということです。では、学校のトイレでマリファナを見つけた。さて、先生に言うべきか、どうか。こうしたことを小さいころから一方的に伝えるんじゃなくて、話し合うようにしてるんですね。工藤さんはそうしたことをやってきたんだと思います。

工藤　そうかもしれません。子どもたちにも言いました。「世の中でだめなものをしっかり考えてほしい。犯罪だけはだめだ。恐喝なんて許さない。だから金髪なんてのはどうでもいい」。それからもう一つ。「勉強なんかできなくてもいい。スポーツもできなくたっていい。ただ一つ、人間は信用が大事だ。汗かかないと信用は得られないんだよ」と、さらに続けて、「信用してくれと言うときには覚悟が要る。信用は積み重ねだから、わかってくれたならば掃除しろ。この学校はとても汚い。とにかく掃除する人間を僕は信用する」と。以来、めちゃくちゃ悪さをする生徒も、掃除だけは一生懸命にやっていた。まるでお祭りみたいに張りきってましたよ。

鴻上　面白いですねえ。ただ、この年代の子って、先生よりも先輩のほうを向いていることが多いでしょう?

工藤　そうなんだけど、私もそうした連中との信頼関係を結んでいくんです。タバコ吸っているところに自分から足を運んで、タバコをやめさせてから、ずっと話したりする。雑談です。でも、そこからだんだんと信頼も生まれてくる。他の先生があてにならなければ、単独でも信頼関係を作るしかないですから。こうした生徒たちとの雑談は教師としてもとても勉強になりましたし、信頼関係ができてくれば楽しい時間にもなりました。この話をすると、自慢話に聞こえるのか、ネットなどで批判する人もいるからほんとうは嫌なんですが。

鴻上　なるほど。

違うクラスの生徒を授業に参加させる

工藤　あとは自分のほうにどんどん引き込んじゃう。たとえばね、授業中に廊下でサッカーのボール蹴って遊んでるような連中がいるわけですよ。だから「うるせえ」と怒鳴って、「お前ら教室に入れ」ってむりやり自分の授業に参加させちゃう。でね、おまえら漫画でも読んでろと、とにかくおとなしくさせる。するとこの連中、毎時間のように私の授業を受けに来るわけです。最初は寝てたり、それこそ漫画読んでたりするだけなのですが、そのうちの一部はいつのまにかちゃんと勉強するようになった。変な話ですけどね。連中、違うクラスの人間なんだから。他の先生、何してるんだろうとは思いましたよ。

鴻上　自分の授業の邪魔にならなければ、教室にいなくても関係ないと思ったんですかね。工藤さんはまったく正反対のことをしたわけだ。

工藤　そのうちね、学校トップと言われる生徒、いわば番長みたいな一目置かれている生徒が、なぜか私の授業に毎回入ってきて、一番前の席に座って授業を受けるようになったんです。私が受けもっているクラスの生徒じゃないんですよ（笑）。

鴻上　人間関係が構築されてないとできないことですね。

工藤　甘やかすこととは違うんです。ほんとうの厳しさとは、お互いに認め合い、そしてお互いに責任を感じるということだなあと確信するようになったのはまさにこの頃です。

ある子が、金髪にしたいと言ってきたことがあります。私は「いいよ」と言ったんです。金髪にしてもかまわない。

「きみが金髪にしたことで、僕と君のつきあいは変わらない。ただ、金髪にしたことの責任は自分でとってくれよ。君が金髪のせいで何か不利益があったり、何か問題が生じても、僕はいちいち支援しないから。ほんとうはいいヤツだなんてことも言わないから」

そう話したら、ビビってしまったのかな。数日して「やっぱ、金髪やめます」って。よくよく聞いてみれば、先輩から「金髪にしろ」と言われたらしいんですよ。「そうか、そうか、そんなことかと思ったよ。先輩と約束しちゃったんだな。でも、やりたくないんだったら僕に任せて」

そのあとは、私の授業を毎回受けにくる、一目置かれている彼に頼んで、「悪いけどさ、あいつ、金髪にしたくないって言ってるんで、そこんとこ頼むよ。二年生にうまく言ってくれるかな」と説得する。仁義の世界です。

鴻上　まさにそうです（笑）。

工藤　決して良い方法とは言えません。でも、信頼関係があるからこそ、こうした解決方法をとることもできるんですね。関係がないと救えない。

「命」の大事さを教えてくれた、あるベテラン教師

鴻上　そこもまた、叱るべき優先順位があったからこそのエピソードですね。なにが

なんでも金髪ダメ、ってことならば、そもそも生徒のほんとうの悩みとか人間関係に触れることはできなかったでしょうからね。ちなみに優先順位の先頭に「命」をもってくるという発想、どこで学んだんですか？

工藤　もともと自分の頭の中にあったんですね。ただ、教員になりたての頃、あるベテランの先生が、普段叱っている姿とは比較にならないくらいの勢いで、生徒を怒鳴りつけている光景を目にしたんです。その生徒たち、それこそ下手すれば命にかかわるような危険な遊びをしていたんです。もう、これまで見たことのない勢い、烈火のごとく怒っている。そうした姿が、自然と脳裏に焼きついて、私に何らかの示唆をしたんじゃないかとも思っています。

その先生、いろいろと教えてくれたんですよ。いつもスーツにネクタイ姿なんですけどね、保護者会があるときだけセーターを着てる。ネクタイとかしないんです。逆ですよね。

一度、なぜ保護者会の時だけスーツ着ないんですか？　と訊ねたら、「あのな、このあたりって農村の人たちが多いでしょう。爪なんか見ると土が入ってるのよ。僕はふだんは子どもたちに厳しく指導してるからネクタイ締めてる。でも保護者の方と会うときには保護者の方が嫌な気持ちにならないようにセーター着るんだよ」と話してくれたんです。なるほどなあと。

あれだけふだん生徒に厳しい人が、繊細なくらいに気をまわして保護者に接しているんだということがわかった。のちに、その先生が命の問題に関して厳しく指導する理由が判明しました。

その先生は、新潟地震（一九六四年）を経験しているんです。酒田（山形県）の中学で教員をしていたらしいのですが、地割れが起きて、教え子のひとりが亡くなったんですよ。地震が起きたときはみなで校庭に避難した。ところが、ひとりが教室に忘れ物をしたといって、引き返してしまった。その直後に地割れが発生し、そこから液状化で水があふれだし、逃げ遅れたその子が溺れ死んでしまったそうなのです。先生はその場にいたんですね。

「自分はまだ若かった。どうしてよいのかわからなかった。もう子どもの死は見たくない」

そう話していました。命にかかわる問題に敏感となった理由は、そこにあったんですね。だからこそ、真剣に叱る。

鴻上　そんなことがあったんですか。やはり命を守ることが何より大切ですね。そこはしっかり叱るべきだし、見逃しちゃいけない。

そう考えると、金髪は、深刻な問題じゃないですよね。

工藤　そうなんです。だから、服装や頭髪を自由にするかしないか、みたいなことで対立するのは意味がないんですよ。命の問題を前にしたら、正直、あとはなんだっていい。もちろん、犯罪は絶対だめですけどね。

鴻上　そうしたことを工藤さんは先生たちにも説いてきたんですね。

工藤　説教じみたことを言うわけではありません。最初のほうで話しましたが、叱る優先順位の話をするだけです。あなたならどうする？　あなたにとって大事なことはなにか？　そう聞くだけです。ほとんどの教員は理解してくれますよ。だって、命以上に校則が大事だなんて言える人、いませんから。

とはいえ、学校の日常にあっては、つまらないことで生徒を怒鳴りまくる教員だっているわけです。なぜ怒鳴っているのかを聞いたら、「あいつ、嘘をつくんですよ」とかね。

そのたびに言うんです。「あなたは嘘つくことないの？　僕は嘘つくことあるけどなあ。そんなに許せない問題？」って。
そのうえで「あなたにとって最高レベルに叱らなければならないことって何？」と問いを重ねると、ずっと考え込んで、しばらくしたら「すみません」と。

鴻上　なるほど。そうやって理解させていくんですね、先生に対しても。

従順な子どもか自分で考える子どもか

工藤　でも、いまの多くの学校はそこまで考えていませんよ。生徒を守ると豪語しながら、結局は指導と管理で押さえつけているわけです。従順な子どもをつくることに専念しちゃうんですね。

学校側は恐れているのかもしれません。たとえばかつての学生運動の記憶。生徒の反乱に対する恐怖心ですね。そして、荒れる学校への嫌悪。特に公立の学区は「荒れさせない」ことが目的になっていることが多いですから。

もちろん荒れないほうがいいに決まっているのですが、では、そのためにどうすればいいのか。極端な言い方をすれば、方法はふたつしかないんですよ。

ひとつは、従順で何も考えない子を育てること。
もうひとつは、自分で考える子どもを育てること。

そのどちらかしかないでしょう。私は後者、つまり考える子どもを育てたいと思っています。自分の頭で考え、決定できる子どもです。子どもが自己決定できる環境を与えます。でも、それって、みんな怖がるんですよ。そんな経験がないから。

鴻上　経験ですか。

工藤　その手法の経験がないんです。考えろという手法を採用して、全部自由にして、それで学校が落ちついたという事例が、ほとんど見当たらない。だから大冒険なんです、多くの先生にとっては。

鴻上　やはり、失敗したらどうなるのかと、そういうことを考えてしまいますよね。自由を与えた後の混乱とか。そうなると、やはり押さえつけるしかなくなる。そのほうが楽だし、責任も問われることありませんしね。従順な子ほど楽な存在はないでしょう。その子の人格や内心は別として、外形的にはうまくいっているように見えるわけですから。

演劇界にもいますけどね。役者を型にはめて、思考させないようにして作品を作る。

それが演出だと思い込んでいる残念な演出家がいます。

工藤　いるでしょうね。ただね、「考えろ」という教育もね、やってみれば意外とうまくいくんですよ。失敗もあるけれど、そんなことは慣れればどうにかなります。

私がめちゃくちゃ荒れた学校で、金髪でもいい、服装もどうでもいいと言いながら教員をしていた際、けっこう、ほかの教員もほっとしていたんですよ。ほんとうの最上位目標を与えたことによって、余計な手間が省けるようになったんです。つまらない作業に追われることもなくなりました。髪の毛チェックしたり、スカートの長さ測ったりとか。

ただ、犯罪に関係することだけは厳しく叱ろうと。多くの学校の先生たちは犯罪を見逃しながら、目に見えるわかりやすいことだけ叱っているんですよ。廊下で強そうな生徒がそんなに仲良くもない友だちに「おまえ、死ねよ」とか言っている。さて、どうしますか？

鴻上　間に入って状況を確認します。普通はそうでしょう。

工藤　その通りです。でもね、多くの教員がそうじゃなかったりするんです。そういう場面は素通りするのに、「おまえ、その髪型はなんだ」「おまえ、かかと潰してるじゃないか」とか。

鴻上　そっちですか！

工藤　勘違い甚だしいですよね。見ているようで、何も見ていない。指導しているようで、じつは指導になっていない。もっと言えば、何かを考えているようで、何も考えていない。せいぜいが目につく規律違反を全員で注意するだけ。でも、かつてはそういう学校、そうした教員、たくさん存在していたと思います。

鴻上　なんでそうなるんでしょうねえ。

工藤　かつて日本中の学校がものすごい勢いで荒れたことがありました。そのとき、一部の地域で徹底的な規律指導をしたら落ち着いた、という事例があったんです。これが日本中に広まっていったと聞いています。

鴻上　はい、YouTubeに残っている昔のニュースで見たことがあります。廊下を曲がるときに九〇度で曲がるとか、右側通行を厳守するとか、まるで刑務所みたいな雰囲気の学校でした。

工藤　一気にその手法が広まったんですね。子どもは押さえつけて従わせればいいのだと。つまり子どもを従順にさせる教育。部活動を中心に徹底して服従させる、軍隊のような指示も象徴的なものと言えます。

鴻上　でも、表面を力で押さえつけているだけですよね。それ、一番簡単なことじゃないですか。しかも全員を押さえつけることができたわけじゃないでしょう。それこそ、こぼれ落ちていく子もいたと思います。目に見える部分だけを整えて、どうしても解決できない部分は排除する。あるいは見えないようにする。それって独裁国家の手法ですよね。学校にいる間だけは、とにかく秩序を守らせる。卒業した後は知らない。とにかく、在校期間だけは、生徒の自主性とか自立する心なんて関係なく押さえつける。社会に出た時には、一番必要な能力なのに。とにかく「自分で考えない」ことを求める。そんな指導で、工藤さんが言うところの考える子どもなど育つわけないですよね。

第四章　対話する技術

「絆」と「団結」が目標になってしまう

鴻上　僕は二二歳のときに劇団を作りました。これまでを振り返ってみると、じつに多くの劇団が解散しているんですね。この何十年の間に、小劇場のブームもあったんですが、多くの劇団が生まれて、なくなりました。

多くの劇団は、旗揚げのときは「絆」とか「団結」を求めるわけです。スクラム組み始めるような勢いと高揚感でほとんどの劇団は生まれるんだけど、それでも長続きしない。

なんで潰れていくのか。もちろん複合的に理由はあるんですが、僕が見ていて感じるのは、演出家が「絆」とか「団結」とか「まとまり」みたいなことを強調するようなところは、だいたい長続きしないですね。早めに潰れていきます。

工藤　「絆」と「団結」ですか……。私も誰かに強要されたくない言葉ですね。

鴻上　そうでしょ。いまでも「絆」を一番に求める人、演劇業界でもいるんですけど、大事なのはそこか？　という思いが僕にもあるわけです。

僕はずっと言い続けてきたことがあるんです。いまはあまり見ることのできない光景ですけど、たしか劇団ができて二年目くらいの年。ミーティングをしていた事務所のテーブルの上にあった灰皿が、吸い殻の山でてんこ盛りになっていたんです。あの頃はみんなタバコ吸っていましたからね。さて、この灰皿をどう見るか。僕はこの吸い殻山盛りの灰皿を見ると、ああ、みんな頑張ったんだなあと思う。仕事した感じがする。美しいとまでは言わないけれど、少なくとも働いた証だとは思う。つまり灰皿からポジティブな連想をするわけです。しかし、タバコを吸わない君だったらどうか。おそらく汚いなあとネガティブに見ると思う。

大事なことは、僕が演出家で、集団のリーダーだから、みんながこれをポジティブに見るということじゃなくて、僕はポジティブに見るけど、君にはネガティブに見えるということを、お互いが知っていること。これがすごく大事で、議論というのはまとまるためではなく、お互いの違いを確認するためにするんだよ、と。そんなことを言い続けてきたんですよ。

山盛り灰皿はよいことなんだから認めろ、というのはおかしい。同時に、汚いものだと認識しろ、とみなに押しつけるのもおかしい。ま、四〇年ほど前ですから。

工藤　違いを理解するための議論。重要です。

鴻上　それを極力、意識しながら劇団を続けてきました。だから風通しは悪くなかったと思ってますし、結果として、三〇年続いたんです。最後はそれぞれが次に行くために解散を選んだんですが。

けっこう個性的な人間が集まっているはずの演劇界でも、やはり、団結することへの同調圧力はあって、ひとつにまとまることの美しさが求められることがあります。

工藤　たぶん私も鴻上さんと同じような感覚を持っています。「団結」なんて言葉は、私は中学生のころから嫌いでした。大嫌い。まとまれと言われて、素直にまとまってしまう感覚がわからない。目的のためにみんなで何かをするのであれば、わかりますよ。でも、まとまるためにまとまる。それって何なのでしょうね。何か意味があるのか。しかも、そんなことに時間も労力も費やすわけですよね。

鴻上　そうです。単なる様式美でしかないのに。しかも、「絆」とか「団結」と言ってしまえば、それじたいが目標、目的となってしまいます。「試合に勝つためにまとまる」から「まとまること」が目的になるんですよね。この言葉を好きな人で何のための「絆」なのか、わかっていない人も多いと感じます。目的化しているから、理由なんて考えなくなるんです。

工藤　「絆」って言葉もね、もともとは犬とか馬などの家畜を、立木につないでおくための綱って意味だそうですが、こういう言葉が美化されすぎるのは、同一性以外の何物でもないと思いますよ。

対話が苦手な日本人

鴻上　一番の問題は、「絆」と言っている間は対話する力が育っていかないことです。

工藤　日本人らしいというか、もともとみんな対話が苦手でしょう。子どものころから自分の考えと違う相手と意見を言い合うということに慣れてないので、考え方の対立が感情的な対立に発展してしまう。

鴻上　そうです。だから最初から対話することを避けてしまう人も多い。不愉快になるぐらいならと、自分を抑えるんです。

工藤　感情的な対立になると、解決を遠くしてしまいますからね。かえって混乱してしまう。

鴻上　子どものころから対話ができないというのは、つまり学校の先生が、そもそも対話を苦手としていると考えられますね。

工藤　そういうことです。

鴻上　もちろん、学校の先生だけの責任ではなくて、親だってそうですしね。コミュニケーション能力が高い人とは、一般には「誰とでもすぐに仲良くなれる人」と思われていますが、僕は「もめた時になんとかできる人」と考えてます。つまりは、対話する能力です。対話は異なる意見の持ち主が、お互いの着地点、落としどころを見つけようとすることです。新しい関係性を生むために対話するんです。逆に言えば、新しい関係性を生み出せなければ、それは対話とは言えません。「新しい関係性」とは、何も前向きのことだけではありません。「お互いの意見はほんとうに違う。利害は完全に対立していて、一致点を見つけ出すことはほんとうに難しい」という発見と認識も「新しい関係性」です。

工藤　しかし対話を仕掛けた時点で「空気が読めない」なんて批判されることもある。じつに日本的な言葉です。空気が読めない、なんて。

鴻上　ほんとうにそう思います。まさに生きづらさの象徴のような言葉ですから。

工藤　だから、空気を読めというのは、それは対話するなということですよね。

鴻上　教育現場では対話は重視されていないんですか？

工藤　もちろん、ものすごく重要視されています。文科省は「主体的・対話的で深い学び」なんて言葉を用いて、その実践を勧めています。しかし、それも学校に下りてくると、システマティックなものに変わってしまうから、なかには「主体的・対話的で深い学び」とは何かということを子どもたちが予測して、先生の求める姿を演じてしまうケースも多い。そんなの少しも主体的じゃないし、もちろん対話的でもない。

でも麴町中のように子どもたちが学びたいというなかで、それこそほんとうの意味で主体的にやってると、あるべき対話も生まれてくるんです。つまり、上から押しつけた対話なんて、少しも意味がないということです。

鴻上　いや、よくわかります。なんていうかな、押しつけておきながら主体性を求める、みたいな現場感覚のなさ。

小学校の国語の教科書の編集委員になったので、いろんな教科書を読んでみたんです。ある教科書に、「みんなで対話しよう、討論しよう」というような項目があったんです。討論のテーマが「キャンプに何を持っていくか討論しよう」。このテーマでは、子どもたちは積極的に討論に参加するとは思えないんです。キャンプ行くのに子どもたちが気になって話したくなるのは、おやつ代が五〇〇円までだとして、バナナはおやつなのか、フルーツなのかとか、そもそもおやつ代のなかにフルーツは入るのかとか、そういうことなら話す気持ちになるだろうと思うんです。そのほかにも「キャンプのレクリエーションは何がいいと思いますか。相談しよう」なんてことも書かれているんです。でも話し合うとしたら「クラスキャンプは、全員参加すべきだと思うか？」「レクリエーションで劇を選んでも、参加したくない人はどうしたらいいか？」なら、討論する気持ちになると思うんです。でも、「レクリエーションは何がいいと思いますか」を話そうというのは、まさに現場感覚のなさだと思います。このテーマで子どもたちが生き生きと話すと想像することが問題なのです。

教育の最大の課題は何なのか

工藤　文科省や教育委員会が書いたものに対して、あるいは指示したことに対して、自信をもってそれはおかしいのだと論理的に説明できる能力を、教育の現場は残念ながら持っていないんですよ。

なんでそうなるのか。中教審（中央教育審議会）のなかで、「ＩＣＴ（情報通信技術）がどんどん進めば個別学習も進んで注目されるんじゃないか」みたいなことを言う人がいるわけですよ。するとね、そこは配慮して、そうした言葉を入れてくれる。

あるいは、集団のなかで埋もれてしまう子どもがいるじゃないですか、そういうことがないように、置き去りにしないように書いてくださいとお願いすると、これもまた書いてくれるわけです。総花的と言うのか、すべて取り入れようとするために、玉虫色になってしまうんですね。そして結果として、ＩＣＴ化を進めるという優先すべき上位の目標そのものにブレーキをかけてしまうということになる。

私は主張するわけです。当事者意識が育っていないこと、自己肯定感がないことの問題点など、これが日本の最大の課題なんでしょうと。世界の教育改革は、これらがないと平和が来ないと言ってるんですよ。当事者意識を持って、対話をして、違いを受け入れる。その苦しさをちゃんと受けとめながら対話をして合意をするということが、世界で求められていると。その時代に、その力が必要だと言われている時代に、残念なことに日本はここが最も課題だと。この部分を意識した教育改革をしなきゃいけないんでしょうということを、私は訴えるんです。

今後の学校のあるべき姿というのは、ある意味子どもが決めるべきです。何を学んで、どう学ぶかを。カリキュラムなんていうのは、もう一五〇年前に決められたことで、いまだに国数社理英とかやってると。フィンランドなんかはもうプロジェクトベースにして、カリキュラムをやめようと言っている。それなのにいまだに日本は、国語の授業で古文が大学受験に必要だとか漢文が必要だとかいうことを話し合っている。たしかに古文も大事だし、漢文も大事かもしれない。でも、優先順位を決めたら、大学受験で必須にするかしないかというのは、あまり重要じゃない。そんな議論しなくてもいいじゃないですか。

今の若い教員に考えてもらわなきゃいけないのは、まず、学習指導要領を疑えということです。自分の頭で物事を考えろと言いたい。最優先のものが何かということを考える習慣をつけろということですね。私も教壇に立った二〇代のころからずっと意識しつづけてきました。なぜかというと、自分の価値観と照らし合わせてほかの教員を見たときに、この価値観にずれがある。でも、これを対立軸にしたら学校が成り立たないし、僕の信頼も得られないし、あしたからの仕事をやりづらくなる。それは子どものためにならない。この主張をして闘うことよりも、この子どもたちの教育活動を優先することのほうが大事だというのが、自然に頭のなかに論理的に働くわけです。

鴻上　そこがまさに、今回の対談のポイントのひとつですね。うかうかしてたり、感情的になると、手近な対立軸を作ってしまうんですね。小さな問題を大声で戦って、結局は子どもや保護者、あるいは仲間であるはずの教員との対立しか残らなくなってしまう。

工藤　そうなんです。これも何度も言うようですが、考え方の違う人間がそこらじゅうにいるのが普通だということを、自分に問いかけなきゃいけないんです。

「言葉は伝わらない」

鴻上　そのためには、なによりも自分の言葉を持たないといけないですね。文科省も総花的ではなく、自分の言葉、つまり哲学を持たないといけない。今回の対談で工藤さんが強調されていることです。

工藤　私は言葉を大事にする人間だと思ってきたのですが、それを意味づけてくれたのは、田中浩史《ひろふみ》さんという方です。ＮＨＫの元アナウンサーで、国語教育にも理解のある方です。日本語学会などにも所属されています。

今から二〇年ほど前だったと思います。田中さんの講演をたまたま聞く機会があったんです。講演の冒頭でお話しになったのが「言葉は伝わらない」ということでした。

それは、自分でも常日頃から生徒たちに伝えてきたことであるはずなのに、衝撃的でした。田中さんは、こう続けたんです。

「言葉が伝わるというのは、相手の心が揺さぶられたときだ。心が揺さぶられて初めて伝わるものだ」

この言葉に私の心は思いきり震えました。この感覚を私のなかではこれまで言語化できていなかったからです。そうかあ、そういうことかと。

田中さんは、「話し言葉は消えていく言葉だ」とも話していたんですね。言葉は発した直後から消えていく。だからこそ、話す順番が大事だと。それまで自分が意識してきたことをきちんと整理してもらえたように思いました。

以来、ますます言葉の使い方というのを吟味するようになったんですね。

日本の教育は精神主義的

工藤　もうひとり、文科省の異端児と呼ばれた岡本薫さん。およそ役人離れした変わった方です。その岡本さんの講演でも、大きな刺激を得ました。

私はいつも「心の教育」が嫌いだと言っていますが、岡本さんもまた、それをきちんと言語化してくれた。内心の自由と行動とは別物だということを、目的と手段という言葉に置き換えて説明したんです。あっ、これだと思いましたね。この瞬間に、やっと難解な方程式が解けたと。日本中の教育を変えるすべがこれで見つかったと思ったんですね。

鴻上　ほう、いったいどんな説明をしたんですか？

工藤　まず、日本は教育が精神主義的で宗教のようなものになっていると。だから、教育を論理的に整理し直す必要がある。現状、教育というものが、何のためにおこなわれているのか、皆わからなくなっており、そこらじゅうにスローガンを掲げてばかりいる。矛盾もいっぱいあるのに、それを解決できなくなっている。

その原因を一言で表せば「手段が目的化している」。まあ、そういうことです。日本の教育の矛盾をきちんと整理して、誰もが当事者として解決できるということを理論化した人はいなかったと思うんですね。私は現場の感覚で理解していましたが、岡本さんは適切な言葉で論理的に説明してくれたんです。

鴻上　なるほど。そういうことですか。

工藤　つまり、人に解答を聞きたくないんですよ。誰からも解答を聞きたくないし、自分で見つけなければおもしろくないし。

鴻上　なるほど。工藤さんは、とてもロジカルですね。数学の人なんだなあと思います。

その一方で、言葉へのこだわりは強い。

誰も本気で思っていないスローガン

工藤　言葉の問題で言いますとね、日本語って敬語に象徴されるように上下関係みたいなものを忖度して言葉を変えなきゃいけないところがありますよね。誤解を恐れずに言えば、差別を生みやすい言語なのだと思います。

そういう文化を持っているので、なかなか進まないのはある意味仕方がない部分があるのかもしれないはずなんですけど、人権感覚が伴っていないことも多いですよね。欧米では、言葉もどんどん変化する。スチュワーデスがフライトアテンダントになったとか、「レディース・アンド・ジェントルマン」をやめたとかね。

鴻上　ニューヨークの地下鉄のアナウンスでは、エブリワンになりましたね。

工藤　そう、エブリワン。人権感覚はそのぐらい言語と一体であることは誰もが身にしみてよくわかっているんですけど、実際は心は別物だからみたいに捉える人が多いわけです。つまりほんとうは言葉が軽んじられている。

差別的な言葉を用いても、「いや、心の中では差別なんかしてませんよ」みたいな言い訳が通用しちゃってるわけですよね。私はやはり、言葉はとても大事なものだという教育をしたいんですよ。人間は未熟な存在であることを前提に。失敗をくりかえす生き物ですから。それを修正しながら成長していくところに人間のよさがあるのよという、そんなことを教えていきたいんですよね。美しい日本語を守らなければいけないと言われますが、そのことよりも優先しなければならないことは、より人権にやさしく言葉を変化させていくことだと考えます。

鴻上　そうですよね。学校で言葉の大切さを伝えたいのに、僕たちは小学校からのホームルームで「今週のめあて」なんてことを機械的に決めてきました。「忘れ物をなくそう」とか、「言葉遣いを丁寧にしよう」とか、定期的に同じスローガンをくりかえしました。誰も本気で思ってないスローガンを言うことに鈍感になることを学校で学んだのです。

日本では言葉というものに、言霊《ことだま》が宿っていると、つまり言葉に魂がこもっていると言われるのに、言葉がものすごく軽く扱われていると感じます。やっぱり僕は、〝世間と社会〟にこだわってしまうんですが、日本人は「世間」の言葉はいろいろと発展し、多様なのですが、社会に対する言葉は、まったく関心がないと痛切に思います。

コンビニでタバコやお酒を買う際、年齢確認のボタンを押すシステムがあるじゃないですか。これが導入されたばかりのころ、高齢者がすごく反発しました。「わしが二〇歳以上に見えないのか」って。高齢者になればなるほど、町のお店で買い物をした記憶があると思うんです。そこでは、お馴染みさんになれば、顧客は「社会」から「世間」の人になります。「世間」の人になれば、日本では会話が始まります。でも、「社会」に属する人に対しては、日本人はどう話しかけたらいいかわからないんです。

それでも、「社会」の人でも、戸惑いながら、客であるかぎり会話しなければならなかった。それをボタンひとつでスキップするシステムをつくったわけです。つまり、あのボタンは社会との対話を手軽に拒否したものと言えると思います。会話するつもりはないから、とにかくボタンを押してくれというシステムです。これは、社会に向けた言葉に関しては、日本人はまったく気にしてないということにつながってくるんだと思うんです。もっと言えば、つまり社会に対する信頼がないということです。

そう考えてみると、学校で会話する言葉の多くって、授業のときだけは社会の言葉になったりするんですよ。ワークショップのときなんかでもそう。先生が「今日は、どうだった？」と最後に感想を訊ねると、さっきまでワイワイ、ギャーギャー、楽しく遊んでいた生徒たちが、いきなり真顔になって単調な声で「今日はほんとうに楽しい表現と動きについて勉強しました」なんて答えるんです。その変化を先生も子どもたちも当然のことと受け入れているんです。つまり実感とかけ離れた言葉というものが、社会の言葉なんだと、小学校の低学年くらいから思い込むし、刷り込まれるんだと思います。

運動会の挨拶で語られる言葉

工藤　同じような話なんですが、学校で体育祭とか運動会をやると、小学校はやたら子どもたちに役割を持たせるでしょう。そうすると運動会で中心的な役割を果たした子が出てきて最後に挨拶するんです。「今日の運動はいかがでしたか」「皆さんの心に残る何とかでしたね」なんて話になるじゃないですか。中学校でも日本中の運動会が多分ほとんど同じなんですよ。

鴻上　今はそんなことになってるんですか。言葉の破壊以外の何物でもないですね。

工藤　私が麴町中に行ったばかりのとき、やはり子どもたちがそうした挨拶をするんですよ。それで、挨拶の原稿はまず私のところに持ってこいと言ったんですよね。「いいか。全体の場で生徒がしゃべるというのはとんでもなくだいじなことなんだ」と。「この一つのせりふでこの体育祭がどう意味づけられるかが決まったりするから、そのための原稿を書け」と。そして子どもにその原稿を書かせてみた。私は教員時代、いつもそういうスタイルでやっていたんです。そうすると最初はみんな同じことを書くんですね。「皆さんいかがでしたか」と、日本中で使われる、ほとんど魂の入っていない定型のセリフから入る（笑）。

鴻上　それしか思い浮かばないのかな。

工藤　ある種の型があって、それを先生が子どもに渡して、こんな挨拶しているからどうぞと。挨拶をすることが目的になっているんです。先生も疑問に思わない。むしろ、あの子にああいう機会を与えたから堂々としゃべれるようになったね、成長したねとか、先生まで喜んでる。もう、そのぐらいの意味づけしかないわけですよ。親は親で、ああいう場面に自分の子どもが挨拶したというだけで、やっぱり嬉しいわけです。教員たちはいろんな場面でそういう子どもたちの機会をつくってあげることが目的になっているんですね。

機会をつくってあげただけでは、人はやっぱり成長しないんですよ。言葉を発することの意味を教えないといけない。

僕は子どもに問いかけるんです。「今日の運動会は皆さんいかがでしたか」というせりふ、これを聞いたときにみんなどう感じるんだろう、何の意味があるんだろうって。子どもはそんなこと問われたことがないから、きょとんとしている。「だいたい、君はみんなにどう思われてるの？」とも訊ねてみる。そこでその子は自分の立ち位置みたいなものを考えるわけです。やんちゃでめちゃくちゃな子が、たまたまその機会をもらっていたりすると、たとえ「みなさん、いかがでしたか？」なんてかっこつけて言ったとしても、周りの人は「おまえ、ずっと遊んでいたじゃないか」って反応かもしれないよね、と。

子どもなりに一生懸命考えるんです。自分を好意的に見てくれる人もいれば、否定的に見る人も、きっといる。自分に否定的な人は、「いかがでしたか」といった言葉にどんな思いを抱くだろうか。そんな対話を私と続けていくうちに、多くの場合、「先生、書き直してきます」となります。

例えば「皆さん、僕のことを知っていますか？」とか「僕はほんとうにだめな人間で」なんて書き出しになるんです。「体育祭なんてつまんないし、こんなのやってられるかと思っていたタイプの人間です。少なくとも練習が始まった当時はそう思っていました」みたいなね。そのあとに「でも、たしかにそうだったけど……」と続く。そういうストーリー展開になってくる。これを実際に挨拶の時に読み上げると、独特の雰囲気が生まれるんです。みんな、しーんとなってね、しっかり聞いてくれる。下手でも何でも、そこに言葉があるから。借り物ではない、生身の言葉というのかな、それが皆の胸に響くんです。

そこで、その子は言葉の持つ力を実感するんですよ。聞いている側も、それを体感する。

そこまでもっていくのが教育なんじゃないでしょうか。

社会に向けて自分の「実感」を伝える

鴻上　ほんとうにそうですね。それこそ言葉の力です。最近、コロナの影響で、卒業式などに来賓を呼ばなくなったという話をニュースでやっていましたが、それでいいと思います。その代わりに子どもに語らせたほうが、よほどいい。

卒業式とか入学式の偉い人のスピーチが壊滅的なのは、とても日本的な現象だと思います。「世間」の言葉は、相手の胸に届くかどうか、日本人はとても敏感です。でも「社会」に向けて発する言葉には、自分の「実感」とか、正直な感覚を込めるという文化がないんです。建前の言葉とはそういうものだと多くの日本人は思っているんですね。西欧のパーティ文化のスピーチのように、「社会」に向けてなのに自分の「実感」をちゃんと伝える、という考え方がないんですね。

僕、卒業式とか入学式での偉い人の話って少しも記憶にないです。僕のなかに何も残っていません。

工藤　ないですよね。私もぜんぜんない。

鴻上　それはつまり、僕らがよく演劇で言う「実感を伴ってない」言葉だからだと思います。実感を伴ってない言葉を延々連ねていく、誰にも届いてない言葉を出しつづけることに平気になっているんですね。それはやっぱり社会に対する信頼がないからでしょう。

工藤　そうなんですよね。

鴻上　惰性だけで続けている運動会の挨拶と同じように、大人社会でも無意味なスローガンっていっぱいありますよね。たとえばコロナ禍の「テレワーク七割」です。会社で出社率を七割削減しましょうという話なんだけど、本気で「七割」だと思っているのか、いや、それは無理でしょう。二割とか三割ならやってみようと思えるでしょう。七割と言った瞬間に、みんな内心「あ、ただのスローガンだ」と思ってしまうと感じます。なんでそんな無意味なスローガンが叫ばれるのかと言えば、日本人はみんな、子どものころから無意味なスローガンを学校で叫ばされていたからだと思います。もう、刷り込まれている。何も考えず、与えられた言葉を吐き出すことに鈍感になってますね。

工藤　きっとそうです。

鴻上　東京オリンピック・パラリンピック大会組織委員会の会長を失言問題で辞任した森喜朗さんも、とても日本的だと思いました。森さん、人の取りまとめがうまいと言われていますが、森さんは、世間をまとめるのが上手なんですね。社会ではなく世間。つまりムラ（村）では通用するけれど、社会という開かれた世界に対してはまったくコミュニケートする言葉を持ってないということが、女性差別発言ですごくはっきりしたと思います。

協調性から多様性へと移っている今だからこそ、教育は、社会に向けての言葉を子どもたちに伝えないとダメだと思うんです。子どもたちは、やがて社会に出ていくわけですが、今の社会は、私たちの時代より、はるかに混沌としていて多様です。さまざまな価値が混乱したまま交錯している。そういう社会で子どもたちが健康的に自立するためには、身内に向けた「世間」の言葉ではなく、「社会」に向けた言葉を獲得する必要があると思います。

工藤　やっぱり日本は言語感覚と人権感覚をきちんと見つめ直さないといけませんね。

感情をコントロールする技術

鴻上　対話の重要性と並んで、工藤さんは感情的な対立は避けるべきだと、今回の対談では何度も訴えていますね。

工藤　誰の責任にもしないということがほんとうは大事なんです。自分たちを責め過ぎることもすべきでないし、相手を責め過ぎることもしてはいけない。問題は仕組みなのだから、この仕組みをどうやったらみんなで変えられるかということを淡々とやればいいんです。

それなのに相手が悪い、誰が悪いと、あえて敵を設定し、感情の対立を起こしちゃうケースが多いんですよ。だからうまくいかない。感情の対立が表面化するから物事が進まない。

日本の教育は、ほんとうに子どものうちから、うんと小さいときから、やっぱり感情をコントロールする技術みたいなものをきちんと教えていくことは必要だし、考え方の対立はまったく問題ないということも教えていくべきだと思いますね。

鴻上　感情をコントロールしながら、共通の目的を一緒に探すということですね。

事実へのアプローチの仕方を学ぶ、英国の授業

工藤　対話を通して共通の目的を探し出す、その訓練を子どものころからしなきゃいけない。これが民主主義というものですよ。

「誰ひとり置き去りにしない」（「誰一人取り残さない〈leave no one behind〉」）という、あのSDGsのせりふ。これを考えた人はすごいなと思うのは、「誰ひとり置き去りにしない」というせりふによって共通の目的が探し出せるようにセットになってるというところ。よく考えたなあと思いますね。

鴻上　英国在住の作家、ブレイディみかこさんの話なのですが――息子さんが通っている中学校の社会科の授業で、ブラック・ライブズ・マター（Black Lives Matter）につ

いて調べることになったそうです。英国ではブリストルという町で、かつての奴隷商人エドワード・コルストンの銅像が、反人種差別デモの参加者らによって引きずり下ろされ、海中に投げ込まれるという事件があったばかりでした。そこで中学生たちはコルストンがどんな人物だったのか、何をしたのか、みんなで調査したわけです。こういう「社会」の授業は素晴らしいと思います。中学校教育が、ちゃんと「社会」とつながっていると感じます。

もう一つ。サッカーの熱狂的なファン、つまりフーリガンはほんとうに右翼的な人間ばかりなのか、これに関しても調査をしてレポートを出せという課題があったんです。条件として、「第一次資料」と「第二次資料」を両方使うこと。「第一次資料」とは、直接の当事者たちのデータのことですね。生徒たちは、知り合いを通じて、フーリガンと呼ばれる熱狂的なサッカーファンにインタビューしました。まあ、フーリガンが自分をフーリガンと言うのはあまりないので(笑)、熱狂的な人を捜したわけです。それが直接収集する「第一次資料」。それから、ネットや新聞記事でフーリガンの行動を調べてみる。これが「第二次資料」。これは素晴らしい条件だと感動しました。「第一次資料」なのか「第二次資料」なのかと、情報を区別することは、ますます大切なことになってくるはずです。情報に振り回される人って、この二つの区別がまったくない人が多いですからね。それを中学時代に学べるイギリスの中学生は幸せだと思います。

要するに事実へのアプローチの仕方を学んでるんですね。まさに民主主義的な手続きを学んでいるのだなあと感じました。

でも日本だと無理でしょう。奴隷商人の像を海に放り投げたから、これをテーマに取り上げるなんていうのは、多分、どの学校も嫌がって手をつけないんじゃないですか。

工藤　そうですね、無理だと思います。

鴻上　どうして手をつけないんでしょうね。

工藤　対立構造をつくりやすいですもんね、そうしたテーマは。

鴻上　ああ、そうか。そういうことですか。

子どもたちに権限を与えずに、教室で政治を扱う矛盾

工藤　主権者教育をやるときに、日本では教育における政治的な中立性を保つために

現実の政治の話を教室に持ち込むことは難しい。そのことを憂いている人たち、批判的に見ている人たちがいるのは事実です。でも、政治を教室で扱うことが主権者教育を進めることだと考えているのだとすれば、それは勘違いだと思います。

主権者教育というのは、自分の社会をどうするかを考える、いわば当事者意識を学ぶことですから、別の方法でもできるわけです。でも、日本は政治的な問題に触れないのは臆病だと、これ自体を問題にして、わざわざまた二項対立をつくってしまっているように思います。僕はわざわざ感情的な闘いになりやすいところをクローズアップする必要はないと思いますけど。

鴻上　なるほど。二項対立をつくったほうが、むしろ楽なんですかね。

工藤　そう、そのほうが楽なんです。マスコミなんかは面白がって取り上げるでしょうけれどね。

鴻上　でも政治的な問題では、一番生臭いのはどの党を支持するかという議論だと思うんですよ。そうではなくて、「シチズンシップ教育」と呼ばれる、市民としての役割や権利を学ぶことは、大切なことですよね。自分自身の生活と社会にちゃんと向き合っていくために必要なことです。

コロナ禍のいまであれば自粛警察であるとか、社会を考えるうえで重要な事象をテーマにして、生徒たちといっしょに調べてみるといったことに取り組んでいる人はいないんですかね。これは、政治的な案件ではないと思うんですが。

工藤　いないと思いますね。まあ、いるかもしれないけど、いたとしても、もっと身近な問題は他にもあるわけで、あえてそれを取り上げることの問題点はあると思いますよ。

鴻上　身近な問題？

工藤　多くの先進的な教員が、また、意志のある教員がそういう授業をやるんですが、そうした教員が学校生活において日ごろから子どもたちに権限を与えているかといったら、まったくそうでなかったりするんです。

鴻上　与えてない……。

工藤　教員が自己矛盾を起こしていることに気がついてないんです。子どもたちに権限を与えればいいのに、権限を与えることもなく、その対話もさせてないのに、いきなり教室だけで政治のことを考えろと言ったりね。今の社会問題を取り上げろと言って、さも自分は先進的な教育をやってるみたいなポーズを見せるのはおかしいんじゃないかな。

鴻上　なるほど。そういうことが教室で起こってるんですか。

工藤　政治に文句を言い、人のせいにばかりしてる自分がいる。その仲間をつくりたいための教育をしているととらえられてもしかたない。

鴻上　そうですか。でも、たとえば日本では生活保護の利用資格があるのに、実際に利用している人は二割で欧米に比べて異常に少ないという問題があるけれど、これを自分自身の問題として、あるいは権利の問題として、足元から学ぶということは必要ですよね。

工藤　そう思います。

タイムマネジメントを学ばせない日本

鴻上　先ほど米国における教育――タトリング（告げ口）とテリング（情報提供）の違いを学ばせるということを言いましたが、日本でも必要じゃないかと思うんですよ。教科書の落書きをはじめとして、どこまでがタトリングで、どこからがテリングだと子どもたちに考えてもらうことは、とても大事だと思うんです。子どもたちは、友だちから先生にチクッたと言われることをとても嫌がりますからね。こういうことを道徳として教えるべきじゃないですかね。

工藤　道徳として適したものであるかどうかはわからないけれど。ただ、実際の道徳教育って、鴻上さんたちが想像しているようなものとは違うと思いますよ。

鴻上　そうなんですか。教科書どおりやってなかったりするってことですか。

工藤　私はできあいの教材をほとんど使ったことないから、いつも自作です。道徳の教材は仕方なく買ってるだけですよ。

鴻上　それ言っていいんですか（笑）。

工藤　実際、現場では多くの教員がもっと工夫してますよ。

鴻上　僕は「学習態度の評価」も問題だと思います。今は関心とか意欲とか、そうしたことを通知表で評価しなくちゃならないでしょ、学校の先生は。となれば結局、膨大な宿題を出さなきゃいけないみたいなことになりますよね。

工藤　そう考えている教員は多いですよね。

鴻上　本来はジャッジが難しい学習態度とか、意欲、関心みたいなものにも点数つけなきゃいけないから、どうしても宿題偏重になっちゃうのが日本の教育だと思うんです。でも、工藤さんがおっしゃるように、宿題というのは、わかってる人間にとってはやる意味がないし、わかんない人間にとってみれば手も足も出ないわけだから、ほんとうに無駄なんだ、ということですよね。

工藤　そうです。日本はタイムマネジメントを子どもたちに学ばせないですよね。時間は無限にあると思っていて。それこそ努力をして睡眠時間を削ってまでやる子が優れてるというふうに勘違いしちゃうんですよね。身を削ってとか、努力をする人間。

鴻上　それ、おかしいですよね、絶対に。そこでお聞きしたいのですが、道徳って教科化されましたよね。工藤さんはどう思われますか。

道徳の授業で、内心を評価できるのか

工藤　問題だと思っていますよ。道徳の内容は四項目に整理されているんですね。自分自身をみつめること、他者との関係、集団との関係、それから自然とか命とか崇高なもの。

鴻上　なるほど。

工藤　文字通り「徳を磨く」ことが求められているんだけれど、ほんとうは社会のなかで生きていく力こそ大切で、市民教育をちゃんと教えなきゃいけないと思っています。だから、四項目のうち最初の三つはオーケーなんですよ。自分自身を見つめたり、他者や集団との関係を学ぶことは重要ですから。それらを教科化するのはおかしくない。

問題は評価の手法ですね。米国にコールバーグ（Lawrence Kohlberg）という先生がいて、そのコールバーグが考えたモラルジレンマ教育というものがあります。例えば安楽死についてどう思うか、単純にどちらが正しいとは言えない、ジレンマが起こる事例を教材にして、みんなで議論をさせて、その子の成熟度みたいなものを判定していく。こうしたことが取り組まれている。米国ってもともと道徳という教科がないのに、この研究が進んでいるというのは、まさに社会的な生育、成長の度合いを評価する方法があるからなんですね。

日本はＳＤＧｓの考え方がまだ全然できてないために、道徳の授業をやると、ほとんど教員の価値観をフィルターとして子どもたちに伝えてしまう。心情的、情緒的になってしまうんです。でも必要なのは、社会を持続可能とするためには、あるいは対立が起きているときには、どういう方法をとるべきか、それを考えることです。もちろん簡単じゃないですよ。

例えば米国では安楽死を認めた場合にどんな問題点があるか、そうしたことを盛んに議論していくわけですね。でも個人の自由を尊重するかどうかという議論になっていくと、社会全体の成熟度というのが大いに関係してきて、レベルの高い話になってくる。

だから道徳という授業は基本的にディスカッションでおこなうべきですが、でもそのためには、教員自身に対話を通して共通の目的を見つけ出したり、合意したりする力が必要となります。そして何より問題になるのはやはり評価ですよね。

鴻上　やっぱり内心内面を評価するということ自体が果たして可能なのかどうかということですね。

工藤　可能じゃないですよね。「心の教育」と言いますが、そもそも人の心は育てられるものじゃない。人の心は自由でいい、みんな違っていいといいながら、心の教育をすることが大事だってうたっていること自体、矛盾しています。

さきほどのコールバーグの取り組みにおいて、道徳性の発達度合いのものさしは、社会が存続できるかどうかというのが基準になっているんですよ。これまでの日本の教育には確実になかった話です。

世の中の矛盾を考える授業

鴻上　だから「シチズンシップ教育」が、道徳のかわりにあればすごくいいと思うんですよね。僕がもし、道徳で話してほしいのは何ですかと聞かれたら、たとえばコロナ禍の飲食店の話。夜の八時で店を閉めろと言われているけれど、それじゃあ店が潰れてしまう。でも規則は守らないと問題になる。それをどうしたらいいのかと。そうした議論を聞いてみたいと思いますね。

工藤　私の教員時代の道徳の授業を少し話します。例えば「たばこをなくしたほうがいいか」といったテーマを設定する。子どもたちに聞くんです。「たばこをなくしたほうがいい？」「なんで？」「じゃあ、たばこって悪いものなのかな」。そこで、たばこがもともと薬のように使われていたことや、たばこ産業の成り立ち、たばこ農家の存在なども話す。「もしもたばこをなくしてしまったら、たばこに関わって暮らしている人の生活はどうなるんだろう」。そうした流れで、世の中の矛盾に触れていく。ここにいるみんなが「よい」と思っていることが、別の人にとっては生活を脅かすことにもなるのだということを学んでもらうんです。

米国の兵器産業って労働者の一〇人に一人ぐらいはかかわっているんだけど、じゃあ、銃をなくそうと訴えて、あしたから一〇人に一人とか失業するということになるわけだけど、「どうすればいいと思う？」とかね。道徳って、そのくらいの話でいいと思うんです。よりよい社会をつくるためにどう道筋をつくっていくかがイメージできるように。

鴻上　それはアクティブ・ラーニングでやれば、もっといいですよね。例えば、演劇的な要素を取り入れて、当事者の役になって議論するのも面白いでしょう。

工藤　そうですね。ただ、自由に物が言える空間をつくるまでに、まず時間がかかるんですよね。

鴻上　ほんとうにそうです。それは演劇の演出家も同じですね。簡単にできることではないです。まずはそこから始めないといけないんです。

言語化して、意識をコントロールする

鴻上　工藤さんがほかの教育評論家などと違うのは、やはり実践が伴っているからだと思うんです。抽象的じゃない。どこか演出家の話を聞いているような気持ちになります。

工藤　なるほど、それは自覚したことはなかったけれど似ているのかもしれませんね。やはり、常に戦略を考えているし。

　戦略と言えば、横浜創英中高には子どもたちに身につけさせたい九つのスキルというか、コンピテンシー（こうなってほしいと願う姿）があります（次ページ図）。

　これも戦略的につくったんですね。教員ができないことをわざと――いや、わざとと強調したいわけじゃないけど、とにかく子どもたちに身につけさせたい力ということです。

　このなかで①②③の三つが自律なんですね。③の「自らの感情と言動をコントロールする」なんてことをめざすべき生徒像にした学校は、たぶん前任の麴町中以外は、

横浜創英中学・高校の最上位目標

「考えて行動のできる人」の育成 3つのコンピテンシー

重視する9つのスキル

自律 自ら考え、判断し、決定し、行動できる力

①目標の実現に向けて、見通しを持って計画的に実行する（PDCA）
②自らの思考・行動を適切に理解し調整工夫する（メタ認知能力）
③自らの感情と言動をコントロールする（セルフコントロール）

対話 多様性を受け入れ、対話を通して対立・ジレンマを解決する力

④他者の立場や考え方の違いを理解し尊重する（リスペクト）
⑤対話を通して他者との共通の目的を見つけ出す（パブリックリレーションズ）
⑥共通の目的の実現のために他者と協働する（コラボレーション）

創造 問題を解決するために情報や技術等を活用し、新たな価値を生み出す力

⑦新しい価値の創造に向け、言語や技術を使いこなす（クリエイティビティ）
⑧本質を見極めるために自分や他者の考えを吟味する（クリティカルシンキング）
⑨信頼できる情報を収集・吟味し、適切に活用する（情報リテラシー）

日本中でどこもないわけですね。
　麹町中には同じように八つのスキルというのがあったのですが、私はこれを、着任一年目くらいにアイディアをまとめて、教員たちに投げたんですよ。「これを、めざす生徒像にしたいんだけど、皆さんでこれ直してくれない？」と職員会議にわざわざかけて、「自由に意見を言って」と。

鴻上　そこがうまいですね。「直してください」とちゃんと言うのがすごいです。この言い方は簡単そうに見えてとても重要なことです。

工藤　教員たちも真剣に考えはじめて、これがいいんじゃないか、あれがいいんじゃないかと言ってくるから、その意見を聞いてところどころ言葉を変えたんですよね。

鴻上　素晴らしい。

工藤　そしてこれは毎年少しずつ変化していったんですけど、そうすると確実に自分たちがつくったと感じるようになりますよね。はじめから効果覿面《てきめん》だったのは「感情をコントロールする」という項目です。これを掲げた途端に職員会議でどなる者が激減しました。もうあっという間でした、二年目にはゼロになりましたね。感情的になっている自分を意識するようになった。だから言葉ってすごく大事で、メタ認知能力というのは、やっぱり自分の体験を俯瞰的に見て文字化するという作業ですから、言語化する能力が必要なんですね。

鴻上　その通りだと思います。

工藤　言語化をすることによって意識をコントロールできるようになる。人間はそういう生き物だから、このことを教員は実感としてよく理解できたと思うんですよね。

鴻上　それは人生相談でも同じですよ。自分の悩みを僕に向けて書くだけでも、一つステップが上がってることが多い。言語化すると悩みが整理されて、問題点が明確になるんですね。ほんとうにたいへんなときってなにも書けませんからね。だから、たまに文章になってないのが送られてくると、すごく生々しいというか、苦しみの真っ只中なんだなと感じます。

エンパシーを獲得するために――「なぜ継母はシンデレラをいじめたのか？」

工藤　なるほど。目的や目標をしっかりとわかる言葉にすることはとても大事なことなんですよね。みんなが腹に落ちるという、いわゆる腹落ち。そこまで落とさなきゃいけないですよね。

鴻上　そうですよ、演劇以外の人から「腹落ちする」という言葉を聞くとは思わなかったですけど、やっぱり教育と演劇は通底していると感じます。たとえば、自分以外の役を少しやるだけでも、はるかに他人に対する理解が深まるわけです。それをドラマ教育と呼んだりしています。

工藤　鴻上さんのお話を聞きながら、ああ、演劇とはそういうことなんだなと、そういう世界なんだなということがよくわかりました。

鴻上　普通は学校側もそんなこと考えないから、たとえば演劇を学校で学ばせたいと言うと、すぐ「学芸会をやれというのか？」という話になるんです。でも、別に学芸会をやる必要はないんです。ワンシーンを演じてみるだけでもいい。演じるのはひとりでもいいですよ。役になりきったひとりに、いろいろ質問するのも面白いじゃないですか。シンデレラの継母に、どうしてそこまでシンデレラをいじめたんですかということを質問するだけでも、ドラマ教育になります。

工藤　面白い。

鴻上　学芸会を開いてシンデレラを上演する必要はないわけです。ストーリーはみんな知ってるんだし。どうして、そこまでシンデレラをいじめたのか。ひょっとして、実の二人の娘と比べてシンデレラの美しさが怖かったからとか、再婚前に女手ひとつで二人を育てるのが経済的にすごく苦しかったから、とにかく経済的に安定したくて王族に入れたかったからとか。素朴な疑問を持つことで、役の気持ちだけでなく、社会の構造も見えてくるかもしれない。それがドラマ教育ですね。

工藤　なるほど。

鴻上　めざすのはシンパシーではなく、エンパシーです。シンパシーは同情心と訳されて、「シンデレラはかわいそう」と感じることです。「エンパシー」は、相手の立場に立てる能力ですね。「なぜ継母はシンデレラをあんなにいじめたのか」を探り、想像できる能力です。多様性の時代には、シンパシーという同情心じゃなくて、エンパシーという相手を知る能力を育てることがとても大事だと僕は思っているんです。よく「自分が人にされて嫌なことを人にするな」といわれますが、これはシンパシーの話です。「自分の好きなことを人にしてあげなさい」というのもシンパシーです。だけど、世界は文化も価値観も違ってるわけだから、自分がされて嫌なことが相手にとって嫌とは限らないし、自分がしてほしいことが相手もしてほしいとは限らない。おじいちゃん、おばあちゃんが孫にコンビニでお菓子を買ってあげると、オーガニックを志向する母親が怒るといった話です。

ダイバーシティのなかで生きていくにはエンパシーを獲得していくしかないと思う。相手の立場に立つことのできる能力を教育の場で育てていくことはじゅうぶんに可能だと思います。

ミュージカルの公演に取り組むワークショップ

工藤　よくね、教育の世界では「子どもの読解力が弱い」なんてことが言われるじゃないですか。あれってめちゃくちゃおかしいと思うんですよ。読解力が今の子どもたちはないから、もっと本を読ませなきゃいけないみたいなことを言う人がいますね。こんなのたった一つの事例を出すだけで、簡単に論破できちゃうんです。じゃあトム・クルーズとかスピルバーグなどディスレクシアの人間は読解力が育っていないのかと。彼らは言葉の使い方がすごいわけです。ということは、読解力がない人間というのは、本を読むこととかが足りないわけじゃない。

日本って学問を高尚なものとして捉えているんですよね。だから、わざと文語調に書いてわけわかんなくするわけですよね。わざと難しい言葉を使う。でも言葉って、アナウンサーの田中浩史さんの話じゃないけど「伝わらなければ価値がない」んです。演劇もきっと同じだと思うんですけど、やってみたものが相手に伝わらなかったとき、「おまえらがわかる能力がないんだよ」とは言いませんよね。伝える能力がなかっただけです。人間が人とつきあっていくために必要なのはエンパシーなのですから、相手に伝わる言葉をどう選ぶかが、とても大切。

鴻上　そうなんですよね。たしか麴町中ではミュージカルの公演に取り組むワークショップを実施しましたよね。

工藤　はい。「ヤングアメリカンズ」。これは三日間でミュージカルを完成させるものですが、主催するのは米国の非営利団体。そこの若者たちが世界各国を回って指導しているんです。生徒たちが言葉の壁を超えて、米国の若者とコミュニケーションをとりながら、三日間のプログラムをこなしていく。

鴻上　じつにうらやましいです。ほんとうは日本の演劇界もやればいいのにと思います。演劇でもドラマでも、教育に取り入れることができれば、演じるという過程で、いろいろな人の立場に立つというエンパシーを学べるわけだから。演劇界としてもひとつの産業として注目されると思います。

工藤 そうなんですよね。だからそうした道筋を政治家も含めてオールジャパンで考えなきゃいけない時期に来ていると思うんですよね。どう考えたって不幸な状態の子どもたちが今いるわけだから、この子どもたちをもっと自由に解放してあげることが必要。そのなかで、経済がうまく成り立つ方法をどうやって考えるか。そうすると部活動なんかが、今ボランティアで進められている実態が問題になっているので、じゃあアウトソーシングすればいいじゃないかといった議論にも発展すると思う。もちろんアウトソーシングに金がかかるというのであれば、では、学校施設でお金を稼ごうかとか、いろいろなアイディアが出てくるはずなんです。

みんながウィン・ウィンになる仕組みを考えていくためには、その地域の特性があるから、護送船団方式ではできない。だから権限をちゃんとその地域に与えてあげて、改善する仕組みをそこで考えてもらう。日本中にそういう自治体が、ちょっとずつなんですけど、出てきてはいます。

長野県では廃校をスポーツクラブに変えて、そこに雇用を生んだという事例もあります。おじいちゃん、おばあちゃんたちも含めて地域の方々がスポーツクラブに通うようになって医療費が下がったとか、みんな健康になったとか、いろいろな好循環が生まれた自治体だってありますし。

鴻上　スポーツ系だと、わりと受け入れてもらえることが多いと感じます。理解が広がってるんですよね。でも文化系だとどうでしょう。うちの近くの小学校が廃校になったんですが、そこを演劇センターにして、稽古場とか劇団の発表場所にさせてくれないかと地元の演劇人が申し込んだそうです。そうしたら、演劇関係なんて、そんなやつらは何するかわからないといって、地域住民は強く反対したそうです。日本社会の典型的な反応だと思います。ほんとうは子どもたちもレッスンに来たりして、地域が活性化するんですけどね。

「多様性ってしんどい」

工藤　いま世の中では、グローバル化が叫ばれています。だからこそＳＤＧｓが主張されているわけですが、日本はまだ内実が伴っていません。全世界、全人類が存続できるかということを、今本気になって世界中が考えてる時代ですよ。なのに日本はかたちだけそこに乗っかっている程度だと思うんです。

そうしたときに鴻上さんがよく言われる「多様性ってしんどい」って言葉がすごく意味を持っているように感じます。みんな違っていいということは、苦しいことなんだと。

鴻上 それはしんどいですよ、ほんとうに。

工藤 さまざまな場所でいろんな利害の対立が起こっている。でも持続可能な社会とするには、自分の価値観とか自分の利益を損ねる方向で物事を進めなきゃいけないという痛みが生まれる。この痛みを伴いながらも、よりよい方向に行くためには、全員が当事者じゃなきゃいけないんだと。

授業とは一対一

鴻上 でも、どこで工藤さんはそれを学びましたか。演劇の演出家は、つまり僕は、俳優にこういうふうにしてほしいと思ったところで、みんな大人だしそれぞれに考え方がある。だから、意見がぶつかり合うことが前提になっている。その際、たとえば戯曲であれば、そのテーマは何なのか、何を訴えたいのかということが最上位にあるので、議論や対話は必ずそこに戻らないといけないということが、職業的に習慣となっているんです。だから、多様性がしんどいということは、当たり前に受け入れてきました。

工藤さんはなぜそんなことを思うようになったのか。そのあたりを聞きたいんです。

工藤　きっかけねえ……子どものころから人の言うことは簡単に聞きたくないという、それだけですよ、たぶん。

鴻上　はい？

工藤　子どものころから、大人が言ってることを信じちゃいけないというか、自分の頭で考えなくちゃダメなんだと、ずっと思ってきました。

鴻上　親に仕込まれたんですか？

工藤　わかんないですね、それは。父親とはそんなにしゃべらないし、母親とだってそんなにしゃべらないし。

鴻上　でも、自分の頭で考えなきゃいけない、大人のことは簡単に信じないというためには、言葉を獲得しなきゃいけないとか、物の見方を獲得しなきゃいけないということに気づくわけじゃないですか。

工藤　そうですね。

鴻上　子どものころからの下地があったとしても、教師になってすぐにそれを言語化したり、今の考え方を獲得したわけじゃないでしょう。

工藤　じゃないですね。先に触れましたが、教員二年目、子どもたちと一緒に社会をつくろうと思い始めてからですかね。その頃から、言葉の大切さみたいなこと、そういうものを特に意識するようになったような気がします。

私の授業って、基本的にプレゼンの形式です。そうなると常に自分の発する言葉がどう子どもたちに影響するかということを考えるわけじゃないですか。プレゼンって、そのなかでどれだけ一対一のかたちをつくるか。その部分が大事です。四〇人を相手にしているけれど、基本、プレゼンは一対一。だから目配りの仕方も、全体を見て、個を見て、もう一度、全体を見て個を見る。このくりかえしです。

そうすると、一つの言葉が発せられたとき、こっちの子どもとこっちの子どもが違う感覚を持っているというのを体感するわけです。いろんな子がいると。いろんな背景を持っていて、一つの言葉でも、感動する子もいれば、これに対して怒りを持つ子もいる。そういうことを感じていたので、みんなが違っていいということは、とても難しい。まさに、多様性がしんどいという感覚は、すごくよくわかるんです。

鴻上　しんどいことを理解したうえで、しかしそれでも受け入れていかなければならない。痛みを感じることの大事さこそ、学ばなければいけないわけですよね。

日本にユニコーン企業が少ない理由

工藤　教育の格差について論じる人は多いですよね。経済的な格差によって東大入学者が偏っているとか、それは受験制度の問題だとか。あるいはその一方で機会均等になっていないとか、やはりお金がある人が勝つ世の中になってしまっているとか。さまざまなかたちで言及されるわけです。でもほんとうだったら独学だって東大に入ろうと思ったら入れるわけでしょう。もちろん、実際には難しいとは思うけど、昔だったらそんな人間はいくらでもいたじゃないですか。

鴻上　昔はね。

工藤　ただ、やはり学びにおいて一番大事なのは、子ども自身のモチベーションです。主体性とかモチベーションとか学び方とか。だから、ほんとうはその格差こそが、問題だと思うのです。学力や機会の格差というより、学ぶ意欲とかモチベーションの格差。

鴻上　東大の入学者で、公立中学校出身が一〇％を切ったということがニュースになっていました。つまり、ほとんどの人は私立の中学校に行っておかないと東大に入れない。それはつまり経済格差ということですよね。ただ、東大に入ったことが親からすると勝利者と思っているかもしれないけど、それは単なる過程というか、ちょっとした結果のひとつでしかなくて、社会で闘える人材になったわけではないですよね。

工藤　そうです。

鴻上　これはライフネット生命を始めて、今は、立命館アジア太平洋大学の学長でいらっしゃる出口治明さんがよく言っていることだけど、ユニコーン企業という未上場で評価額一〇億ドル以上のベンチャー企業が二〇二一年五月時点で世界で六八二社あって、そのうちアメリカが二二八社ぐらいで中国が一二二社で、日本はわずか一〇社なんです。このことと似ていると感じますね。東大に入ろうが何しようが、結局クリエイティビティとは無縁の勉強の仕方をしてきたのであれば、あまり意味がないということにもなる。

工藤　だから自律型の学習ができる環境を学校のなかにつくればいいのですが、それがまだできていない。先ほども少し触れましたが、今、日本の教育ですごく足りない視点がタイムマネジメントです。一日が二四時間しかないということを忘れている。一日二四時間しかないなかに、子どもたちの自由時間をどれだけつくってあげられるかというのがやっぱり勝負です。そうすると授業時数をどう減らせるか。私立の場合には受験に必要なカリキュラムとかそういった学びをどんどん増やしているわけです。当然、公立に比べれば勝ちやすくなる。その手法で大学受験には勝っているかもしれないけど、これで育った人材が社会で全然役に立たないとすれば——いえ、まったく役に立たないとは言わないですけど、じゅうぶんではないとすれば、教育は変えなきゃいけない。やはりクリエイティビティが育つような学校環境にしていく必要がある。我々が子どもの頃は放課後の時間が自由にあったように感じます。あの頃のような時代に戻してあげることが必要な気がするんです。

鴻上　夜の一〇時ぐらいに、小学生が集団で塾から帰る光景に遭遇するわけです。さっきから僕が言っているのは、そうやって東大に入って官僚になってトップに上り詰めたときに、教育とは何か、人生とは何か、そんなことを深く考えるだろうかということなんです。教育行政って、つまりは哲学で、工藤さんがおっしゃったように総花的に何でもつめ込むことじゃないですから。生きるってのは、試行錯誤していろんな失敗をしたり、いろいろぶつかったりして、そこから結論を見出すことでしょう。申し訳ないんだけど、放課後の自由を手放して夜の一〇時まで勉強して東大に入って、ほんとうに人生の果実を充分味わったのかと勝手に心配しています。そこが、ものすごく素朴な疑問なんですよね。

もちろん、塾の勉強を否定するわけじゃないんです。素朴に、どんなことを君は子ども時代に経験したんだろうという気がするんですよね。

工藤　ほんとうは子どもたち主体で、子どもが失敗するなかで子どもたちが社会を学んでいくという、そういったものを徹底して学べる場所をつくってあげるのが学校でなければいけないのにね。

結果ですよね。学力が高くなって偏差値がどれだけ高くなったとか。有名校への進学者がこんなに増えましたとか、それで勝利感を得ている教員だとか、その教員のことを神のようにあがめてる子どもたちとか保護者もいますからね。

鴻上　まあ、そこは世界共通かもしれませんね。僕が一年留学したロンドンの演劇学校でも、似たような雰囲気を感じたことがありましたから。先生が神様になって生徒をコントロールするとかね。だから僕がすごく心配だったのは、君たち、ここから社会に出て俳優やるのに、こんなふうに先生の一挙手一投足を信じてどうするんだ、ということでした。神様は丁寧だから細かく教えていくんですよね。次の段階、次の段階というのを個人に発見させないというか、全部先回りして教えるから。そうすると、ほんとうに本人たちのためにならないんですよね。

でも、特に日本は、子どもだ、子どもだと言いながら、いつまでも子ども扱いをやめない国じゃないですか。

工藤　そうですよね。

鴻上　子ども扱いしてるのに子どもだと嘆いて、大人になれと言うのは、それは無理だろうと思いますよ。

高度成長期の教育モデルはもう通用しない

鴻上　出口治明さんが話していたのですが、日本で求められる人間像というのは、製造業の優秀労働者がモデルだと。昭和四〇年代の中教審は、そういう人間を理想としたと。

従順で、空気を読んで、先輩の話を聞いて、協調性があるような人間像です。それを明治から考えると、第二次産業モデルというか、要は第二次産業に従事するのにふさわしい労働者であり、同時に軍隊でも兵士として優秀なモデルが求められてきたんですよね。

いま、すごくはっきりしてるのは、産業構造としてのサービス産業、第三次産業が七割を超えていて、かつての高度成長期をつくった、従順でおとなしくて言うことを聞いて協調性のある労働者を生む教育モデルじゃもう通用しないんだということなんです。それがまだ、全然理解されていない。ジャパン・アズ・ナンバーワンの時代から、何も変わっていない。

工藤　それでも昔は革新的な人がいっぱいいたと思うんですけどね。それが、革新的な人も潰すという世の中になっちゃって。それに日本中の子どもたちも従順というか、反抗しないですから。

鴻上　いや、ほんとうにそうなんです。
工藤　はい。反抗しろとは言ってないですけどね。
鴻上　くりかえしますが、最近、劇団に入る新人に「そんなことしていいんですか」って聞かれることが、ほんとうに、多いんです。
工藤　僕も教員からよく言われますね。「そんなことしていいんですか」と。麹町中のときは盛んに言われましたけどね。
鴻上　だから、どんどん校則が厳しくなったうえに、みんなが従順になってきちゃってるから、この国はやばいぞという気持ちになっています。

教育から見えてきた日本社会

工藤　教育再生実行会議でも話しているんです。明治維新から変わらない一斉教授型の授業を続けていていいのでしょうか、こんな受け身の授業を続けていては、自律型の人間は育たないですよと。
鴻上　はい、育ちません。それは間違いないです。

工藤　中教審でもそうした発想が取り上げられるようになっています。「個別最適な学び」みたいなかたちで。ただね、その報告書にはね、「令和の日本型学校教育の構築」なんて見出しが掲げられている。

鴻上　なんですか、それは。

工藤　「日本型学校教育」って何ですかね。あまりにも曖昧だし、何を守ろうとしているのかわからない。しかも「個別最適な学びと協働的な学び」というかたちでわざわざ対立軸までつくられているように感じます。

そもそも学びは可能なかぎり自由であるべきだと思うんです。自分の意思で独りで学んだり、学び合ったり、こうした学びの環境があることこそ個別最適だと私は思っています。「個別最適」が無機質にパソコンと向き合っているような印象を与える言葉だとすれば表現を変えるべきだと僕は思います。報告書には、「個別最適な学びが孤立した学びに陥らないよう」なんてことが書いてあるんですが、これではいけません。

鴻上　役人的な理解というか、哲学のない八方美人的なまとめかたですよね。

工藤　そう。前にも言いましたが、文科省がいくら「主体的・対話的で深い学び」を提唱しても、子どもたちが先生の求める姿を演じるだけでは意味がないんです。評価されることを予測したうえでの対話なんて、なんの力にもなりません。子どもたちが学びたいという気持ちを生かして、対話ができれば埋もれる子どもなんていない。

鴻上　工藤さんの「自律」、僕の「健康的な自立」とは何か。当事者とは何か。肝心なところを、行政がわかっていないということですよね。

教育をテーマに対談してきましたが、日本の危機が見えてきたような気がします。教育について話していると、いま、僕らが、日本社会が、やらなければいけないこと、やってはいけないことが見えてくるんです。

工藤　当事者意識をもって、対話して、違いを受け入れる。そして他者と合意する。大人にこそ求められているのかもしれません。

鴻上　大人にできないことを、子どもたちと実践しているのだから、やはり、工藤さんは素晴らしいと思います。でも工藤さん一人を希望にしないで、日本の教育を変えていかなければと、強く思います。そのために、僕も僕なりにできることをしようと思いました。ほんとうにありがとうございました。

おわりに　工藤勇一

鴻上さんとの出会い、この本を作ることになった偶然、時の巡り合わせに感謝していいます。きっかけはFacebookのメッセンジャーです。といってもこれを日頃使っていない人にはよくわからない話だと思いますが、簡単に言えば突然、まったく面識のない鴻上さんから、直接僕あてにメールが届いたのです。二〇二一年の一月二日のことです。

こんなメールの書き出しでした。

「突然、すみません。作家で演出家の鴻上尚史と言います。僕が司会をしているNHK－BS1の『COOL JAPAN』で先日、麴町中学を取材させていただきました。……（以下略）」

もちろんですが、鴻上尚史さんのことは演劇界の有名な演出家として存じ上げていましたから、突然のメールに正直驚きました。

このメール自体のお尋ねは、東京都の教員人事の仕組みについてのものだったのですが、その後、二回ほどメールをやりとりしました。鴻上さんが気になっていることの中心は、前述のとおり、校則問題についてでした。

ここで僕がお答えしたメールを全文ご紹介しておきます。


教員の方のご質問だったのですね。

一言で言えば、校則を変える以前の問題がこの学校にはあるのだと私は思います。変えるべきところはそこからではないでしょうか。

校則については最終的には世の中のルールと同じ程度でよいと、私も思っていますし、麴町中でも事実そうしました。でもそれには3年から4年ほどかかっています。校長として学校経営を変えるとき、校則問題はほんの一部にしか過ぎません。はっきり言えば、決して優先順位の高いことではありません。まずは「何のために」という目的を見極め、優先順位を整理して仕事ができる集団に学校全体を変えていく必要があります。

民主主義が成長している欧州と日本の学校教育を比較すると、日本は論理的に物事を進めるのが得意ではないように感じます（欧州の教育を自ら経験してきたわけではありませんから、私の想像に過ぎない話ですが……)。伝統的、かつ経験主義的で、情緒的であり、ある意味宗教的な感じがします。「心ひとつに」「絆」みたいな言葉が大好きな国民性は、日本の学校教育の表れだと感じています(長くなるので、これについてはまた別の機会にお伝えしたいと思います)。

校則を厳しく指導してきた教員にとっては、自分自身の教師生活を全否定されることにもなりますから、抵抗が強くなるのは当然です。そもそも学校のため、生徒のためという理由を大上段に掲げて行なってきたのですから当たり前です。まずは一人一人の意識と組織の運営のあり方を見直し、根拠に基づいて仕事ができる集団に変えていく必要があります。

校則問題は「生徒と教師が意識すればするほど互いを不幸にする、ほとんど意味のない無駄なもの」に過ぎないと私は思っています。「教育には他に優先すべき大事なことがある」「もっと人生に重要なこと、これからの社会に必要なこと、本質を語ろう」と声高に叫びながら、校則の問題を話題に取り上げれば取り上げるほど、結果として優先すべきことを語れなくなっていくジレンマに陥ってしまうという悲劇を産んでしまうのが常です。校則問題を自分たちの手で解決しようようなど意気込んでいる生徒会を時折見かけますが、結局は大人に作られた問題に翻弄され、もっと大事な社会問題や自らの将来のことに時間を使うことができなくなっていることに気がついていないのです。気の毒でなりません。大人は子供たちにそんなことをさせてはいけません（私自身がそうであったことに、気がついたことです）。

校則問題の解決方法など、この続きについても、また今度にさせてください。私も日本全国の教育を何とか変えていきたいと思っています。今後とも引き続き宜しくお願いします。

1月3日 7：53

僕がこのメールを返信したのは一月三日のことですが、翌日の一月四日の鴻上さんからのメールでは、「まだまだ話したいことがあるので、対談本をつくりましょう」ということになり、一月六日には「出版社が決まりました」とありました。そして、この本が作られることになったわけです（笑）。

日頃の行動の速さと決断の速さには、僕もそれなりの自信を持ってはいましたが、一度もお会いしたこともないまま、最初のメールからわずか四日という行動力にはさすがに驚きましたし、この出会いをとても嬉しく思いました。

人は信頼する人からしか価値観を学ばない

さて、校則問題については、本文の中でもじゅうぶんに語られてはいますが、改めて少しだけ自分なりの考えを述べておきたいと思います。

「服装頭髪の乱れは心の乱れ」というフレーズは、長い間、日本中の学校でまことしやかに言われてきました。しかし、情報化社会になった今ではこのことがまったくの迷信であることなど、ほんとうは日本中の誰もが知っているはずのことです。欧米の学校ではそもそもそんな概念すらないのですから、これが学校教育の本質ではないなんてちょっと考えれば簡単にわかることだからです。

にもかかわらず、多くの学校では今でも相変わらずルールを維持しています。「服装頭髪のことなど勉強には関係ない！　そんなことを気にするんじゃない！」多くの教師たちが声を荒らげてこう言います。しかし現実は教師が厳しく指導すればするほど、生徒たちは服装頭髪のことをますます意識するようになってしまいます。じつに滑稽な話です。

さらに悪いことには、やればやるほど生徒と教師のあいだの「信頼関係」というものも大切なものを失っていきます。そして、教師自身が不幸になっていくのです。人は信頼する人や尊敬する人からしか価値観を学びません。多くの場合、好きな人からしか学ばないと言ってもよいのかもしれません。ですから、信頼を失った教師が生徒たちにどんなに立派なことを述べたとしても、その言葉は生徒たち自身の価値観、生き方に響くことはほぼありません。それは教師にはとてつもなく苦痛です。その延長線上には対立関係しか生まれないからです。

校則は教師が意識すればするほど生徒も意識するようになります。生徒たちに「勉強以外のことに目をとられるな」と言いたいのであれば、校則は逆に厳しく注意してはいけないのです。

教育の「問題」は作られた幻想にすぎない

多くの場合、教育の多くの「問題」は作られた幻想にすぎないのかもしれません。そして、そうした「問題」にたくさんの子どもたちが苦しみ、結果として作った大人たちさえ苦しんでいるのです。

小一プロブレム、中一ギャップ、不登校、校則、発達障害……。ほんとうにそこに「問題」があるのでしょうか。ちょっと見方を変えれば、そこにはそもそも問題などないのかもしれません。というより、ほとんどの場合、明らかにそこには「問題」などないのです。

じっと席に座っていられない小学一年生がなぜ問題なのでしょうか？　デンマークでは子どもがたとえ床に転がって授業を受けていても叱られることなどないと聞きます。教師は子どものいったいどこに注目すべきなのでしょうか。座席にじっと座ることのできる忍耐力でしょうか？　それとも学ぶ意欲なのでしょうか？

学校に行かないことはほんとうに問題なのでしょうか。むしろ、そのことでみんなが不幸になることこそが問題だと私には思えます。学校は社会に出る準備期間として価値があるのですから、学校に行くこと自体が目的には成り得ないはずです。

校則も同様です。

公立の中学校では校内でアメやガムを食べていることが「重罪」のように扱われますが、外国では授業中に飲みものやお菓子を食べてもよい国もあります。問題は「問題だ」と言った時から問題になるのです。

世の中のルールやモラルに照らして考えれば、ガムを食べていることが問題になるのではなく、包み紙が床に落ちているとか、ガムが吐き出されていたとか、そうしたことこそ問題なはずです。むしろ、そういう問題は世の中で起こっている問題と同じことですから、よりよい社会を作るためにはどうすべきかを学ぶチャンスです。生徒たち自身に当事者として対話させればよいのです。

自分の学校を当事者として受け止める

話は少し変わりますが、「自分で新しい学校をつくれるとしたらどんな学校をつくりたいですか？」と時折、取材のインタビューなどで質問されることがあります。

しかし、僕は新しい学校をつくりたいと思うタイプの教員ではありません。というより、一度もそんなことを考えたことがないのです。

そんな気持ちを持つことがなかった理由を一言で言えば、教壇に立った頃から僕の興味が「学校」というよりは「社会」そのものにあったからだと思います。そして、既存の学校が変わることこそが、未来の社会が変わることであり、そのためには、まずは自分がいる学校が変わらなければならないと信じて、これまでやってきたつもりです。

自分のいる学校を否定することは、自分の生きている社会を否定すること。僕自身はそんな気がするのです。まずは自分の生きている社会を受け入れる、そのためには自分の学校のありのままを、すべての課題もひっくるめて当事者として受け入れる。たとえ苦しくてもこのことが大切だと思います。

「隣の芝は青く見える」じゃないですが、人はいつも何かと比べたがります。隣の学校、どこかの県、どこかの国、どこかの誰か……。勝手に比べて不幸になります。


「なんて、うちの学校はダメなのか」

「なんて、日本はダメなのか」……。

自分がその組織の構成員の一人であることをつい忘れてしまいます。

全員が合意できることを見つけるための「対話」

じつは僕も一度だけそんな気持ちになった時があります。

山形での五年間の教員生活を終え、東京での教員生活を再スタートさせた頃です。

教師たちの生徒たちに対する高圧的で意味のない指導に呆れ果て、教師たちと生徒たちの信頼関係のなさにとてつもない虚しさを感じていました。陰では生徒たちや保護者たちにバカにされていたり、蔑まれたりしているのに、そんなことにも気がつかず、成績と内申書を笠に脅しつづける教員たち、その学校の姿を僕はそんな風に感じていました。初めて本気で教員を辞めたいと考えました。

「人のせいにしない生き方をする！」と、生徒たちにいつも語っていた僕自身が、真逆の僕になっていることに気がつき、情けない気持ちでいっぱいになりました。

「何かのせいにしちゃいけない」と、頭ではわかっていても、なかなかそうなれない自分にイラついていました。

とにかく、当時から好きだった言葉「成らぬは人の為さぬなりけり」という上杉鷹山のフレーズを呪文のようにくりかえしながら、「とにかく自分から動くしかない」ことを自分自身に言い聞かせていたことを思い出します。

数学指導、学級運営、生徒会指導、野球部指導、カウンセリング、道徳教材作り、自分の興味のあること、生徒たちに必要だと感じたことは何でもやりました。日々、多くの人びとと対話しました。特に生徒たちとはあらゆる場面でひたすらに対話しました。

気がついた頃には、情けない自分はどこかに吹っとんでいましたし、目の前の生徒たちや学校に対する自分自身の見方もすっかり変わっていました。

「教育に山形も東京も大した違いはない」

「勝手に理想を描いて不幸になる必要などまったくない」

自分がいる学校を、そのまま丸ごと「自らの社会」として受け入れるという、基本的な姿勢を身につけた大切な時期となりました。

そして、この時期に学んだことの中で最も大切なことは、

「教育は決して独りよがりではできるものじゃないし、一人の力では社会は変えられない」

ということです。

当たり前のことですが、自分の生きている「社会」をよりよいものに成長させていくためには、そこにいる一人一人が「社会の当事者」として成長できなければならないということです。一見不可能なことのように感じるかもしれませんが、学校という場はそれが学べる、大切な場所であることを僕は自らの体験を通して確信することができたのです。

そのために特に重要なことは「対話」です。

互いの違いを理解しながらも、全員がＯＫなものを見つけ出すための「対話」。このプロセスをすべての子どもたちに学ばせることさえできれば、社会は確実に変えられます。

鴻上さんは対談中、何度も僕にこう問いかけました。

「どうやったら工藤さんのような人ができるの？」

「どうやったら工藤さんのような改革を全国で広められるの？」

その答えはここにあると確信しています。

学校の大切な役割

終わりになりますが、これからの学校をどんな場にしなければならないのかについて、僕なりに整理しておきたいと思います。

一つは言うまでもなく、

「すべての子どもたちが社会でよりよく生きていけるような力を身につけていく場」

であることですが、これからは、もう一つ、次のような場でなければいけません。

「すべての子どもたちが持続可能な社会を築いていくための方法を共に学び合う場」

です。

今や科学技術は我々の予想をはるかに超えたスピードで進化しています。それに伴い、環境問題や人口爆発、食料問題、平和問題など、今まで以上に人類が抱えている問題は一層深刻になってきています。これらはもはやどこかの国の強い力で解決できるものではなく、世界全体が協力して考えていかねばなりません。もし、人間がこれまでどおりの自由な社会経済活動を続けていくのであれば、そこで生まれる対立やジレンマは決して解決できるわけはありません。

「二〇三〇年。人類は滅ぶかどうかの岐路に立つ」と多くの科学者や専門家はそう言います。

二〇一五年の国連で、SDGsはそうした背景のもとに一六一ヵ国の賛同を得て採択されました。持続可能な社会を築くために、世界中の人びとが二〇三〇年までに努力し実現する一七の目標です。このままでは人類は滅びる。今、世界はこのことを強く意識しはじめました。

鴻上さんとの対談でも話題になりましたが、

「みんな違っていい」

これを受け入れることはものすごく苦しいことです。なぜなら、自ずとそこには対立・ジレンマが生まれるからです。そうした対立やジレンマもひっくるめて丸ごと受け入れ、対話する。そして、「誰一人置き去りにしない持続可能な社会を作る」という共通の目的で合意する。そのためのスキルと経験を学ぶ場が「学校」であるのだと僕は思います。

世界中のすべての学校をこのことが学べる場にしていかねばなりません。その先にしか社会全体の幸福、そして平和は来ないのだと確信します。僕もそのための努力を学校という現場で、今後も続けていきたいと思っています。

このことを本気で語らせてくれた鴻上さんと、この対談の機会を与えてくださった皆さんに深く感謝し、終えたいと思います。

講談社現代新書　2628

学校《がっこう》ってなんだ！　日本《にほん》の教育《きょういく》はなぜ息苦《いきぐる》しいのか

二〇二一年八月二〇日第一刷発行　二〇二四年四月五日第六刷発行

著者　工藤勇一《くどうゆういち》　鴻上尚史《こうかみしょうじ》

発行者　森田浩章
発行所　株式会社講談社
東京都文京区音羽二丁目一二―二一　郵便番号一一二―八〇〇一
電話　〇三―五三九五―三五二一　編集（現代新書）
〇三―五三九五―四四一五　販売
〇三―五三九五―三六一五　業務
装幀者　中島英樹
印刷所　株式会社ＫＰＳプロダクツ
製本所　株式会社ＫＰＳプロダクツ
定価はカバーに表示してあります　Printed in Japan

N.D.C. 370　270p　18cm
ISBN978-4-06-523475-4

「講談社現代新書」の刊行にあたって

教養は万人が身をもって養い創造すべきものであって、一部の専門家の占有物として、ただ一方的に人々の手もとに配布され伝達されうるものではありません。

しかし、不幸にしてわが国の現状では、教養の重要な養いとなるべき書物は、ほとんど講壇からの天下りや単なる解説に終始し、知識技術を真剣に希求する青少年・学生・一般民衆の根本的な疑問や興味は、けっして十分に答えられ、解きほぐされ、手引きされることがありません。万人の内奥から発した真正の教養への芽ばえが、こうして放置され、むなしく滅びさる運命にゆだねられているのです。

このことは、中・高校だけで教育をおわる人々の成長をはばんでいるだけでなく、大学に進んだり、インテリと目されたりする人々の精神力の健康さえもむしばみ、わが国の文化の実質をまことに脆弱なものにしています。単なる博識以上の根強い思索力・判断力、および確かな技術にささえられた教養を必要とする日本の将来にとって、これは真剣に憂慮されなければならない事態であるといわなければなりません。

わたしたちの「講談社現代新書」は、この事態の克服を意図して計画されたものです。これによってわたしたちは、講壇からの天下りでもなく、単なる解説書でもない、もっぱら万人の魂に生ずる初発的かつ根本的な問題をとらえ、掘り起こし、手引きし、しかも最新の知識への展望を万人に確立させる書物を、新しく世の中に送り出したいと念願しています。

わたしたちは、創業以来民衆を対象とする啓蒙の仕事に専心してきた講談社にとって、これこそもっともふさわしい課題であり、伝統ある出版社としての義務でもあると考えているのです。

一九六四年四月　野間省一